C.H.BECK WISSEN

AF573027

Diese gleichermaßen informative wie unterhaltsame Einführung fasst knapp und einprägsam zusammen, was man mit Blick auf Archäologie, Geschichte und Mythos über jene Verbände des 1. Jahrtausends n. Chr. wissen sollte, die unter dem Oberbegriff «Sachsen» zusammengefasst werden. Zu dieser Darstellung gehört ein spannender Überblick über die Genese des Begriffs der Sachsen von der Zeit der Römer über die Epoche der Karolinger bis ins Spätmittelalter. Zum andern werden kenntnisreich und luzide verschiedene historische und moderne Narrative über die Ursprünge von *Saxones* dargestellt und analysiert. Darüber hinaus werden die vielfältigen historischen Verflechtungen der Einwohnerschaft der kontinentalen *Saxonia* mit Römern und Franken ebenso konturiert wie beispielsweise die Verbreitung des Christentums im heute nordwestdeutschen Raum. Mit einem Ausblick auf sächsische Identitäten und Territorien seit dem Hochmittelalter schließt der Band.

Babette Ludowici ist Prähistorikerin und Kuratorin am Braunschweigischen Landesmuseum. Dort leitet sie die Abteilung Archäologie. Sie ist eine ausgewiesene Spezialistin auf dem Feld der Sachsenforschung und kuratierte die Niedersächsische Landesausstellung 2019 «SAXONES».

Babette Ludowici

DIE SACHSEN

C.H.Beck

Mit 7 Abbildungen, 1 Stammtafel und 2 Karten

Originalausgabe
© Verlag C.H.Beck oHG, München 2022
www.chbeck.de
Satz: C.H.Beck.Media.Solutions, Nördlingen
Druck und Bindung: Druckerei C.H.Beck, Nördlingen
Reihengestaltung Umschlag: Uwe Göbel (Original 1995, mit Logo),
Marion Blomeyer (Überarbeitung 2018)
Umschlagabbildung: Das Herrscherpaar Otto und
Editha in der Heilig-Grab-Kapelle des Magdeburger Doms;
© akg-images/Bildarchiv Monheim
Printed in Germany
ISBN 978 3 406 79076 8

myclimate

klimaneutral produziert
www.chbeck.de/nachhaltig

Inhalt

I. Eine Frage der Perspektive: Wer sind die Sachsen?

Der vorliegende Band beschäftigt sich nicht mit den Sachsen, die in Leipzig oder Dresden leben. Sein Thema ist die Einwohnerschaft der heute norddeutschen Gebiete zwischen Rhein und Elbe, die Karl der Große († 814) in seinen legendären «Sachsenkriegen» unterworfen hat. Wer diese Leute waren, ist für Einhard († 840), den Biographen Karls des Großen, keine Frage: «Die Sachsen waren», wie der Gelehrte in seiner Lebensgeschichte des Frankenkönigs schreibt, «ein wildes Volk, das Götzen anbetete und dem Christentum feindlich gesinnt war; auch empfanden sie es nicht als ehrlos, alle göttlichen und menschlichen Gesetze zu verletzen und zu übertreten.»

In der schriftlichen Überlieferung aus dem 1. Jahrtausend erscheinen Sachsen aber auch in ganz anderen Zusammenhängen: Bis in das 5. Jahrhundert bezeichnet ihr Name vor allem Seeräuber und Plünderer aus dem europäischen Norden, die Provinzen des Römischen Reiches heimsuchen, und gelegentlich werden auch germanische Söldner in der römischen Armee Sachsen genannt. Im 5. Jahrhundert unterwerfen Sachsen außerdem in England Land und Leute. Nach dem 6. Jahrhundert erscheinen sie auch als Einwohner größerer Gebiete. Hierzu zählen in erster Linie Bereiche im Süden der britischen Hauptinsel sowie Landschaften zwischen Rhein und Elbe, in denen schon die Vorgänger Karls des Großen militärisch gegen Gruppen vorgingen, die sich gegen die Oberherrschaft der fränkischen Könige auflehnten.

Angehörige der Oberschicht jener Sachsen, die Karl der Große bezwungen hat, haben es verstanden, den politischen und kulturellen Eingliederungsprozess ihres Landes in das Herrschaftsgebiet des Franken zum Ausbau ihrer Macht zu nutzen. Eine der im 9. Jahrhundert führenden Familien in der kontinentalen *Saxonia* erreichte dabei eine Spitzenposition: In der Person Heinrichs I. erlangten die sogenannten Liudolfinger im Jahr 919 die Königswürde des Ostfrankenreiches. Unter der Regentschaft Heinrichs und seines Sohnes und Nachfolgers Ottos I. wurden die Gebiete rund um den Harz zu einer Kernlandschaft des nunmehr «ostfränkisch-deutschen» Reiches. In dieser Zeit entstand die älteste bekannte Sachsengeschichte, die ein Autor verfasst hat, der sich selbst als Sachse betrachtete: Widukind, ein Mönch im Kloster Corvey, schrieb noch zu Lebzeiten Ottos I. († 973) einen «Tatenbericht der Sachsen». Die Frage, wer die Sachsen sind, beantwortet dieser Gelehrte mit einer Erzählung über ihre Herkunft: Sie seien mit Schiffen übers Meer gekommen und hätten sich mit Heimtücke und Gewalt Land zu eigen gemacht. Seiner Ansicht nach könnten sie Nachfahren von Dänen oder Normannen sein – oder Reste des makedonischen Heeres, das Alexander der Große angeführt hatte. Verbürgt sei jedenfalls, dass die Sachsen «ein alter und edler Stamm» waren.

Im 19. Jahrhundert und in der 1. Hälfte des 20. Jahrhunderts hat sich unter Historikern dann die Ansicht etabliert, dass diese Sachsen des frühen Mittelalters von den älteren Trägern des Sachsennamens, die die Überlieferung kennt, abstammten, und dass alle im 1. Jahrtausend «Sachsen» Genannte Angehörige eines Volkes seien. Aus den unsicheren geographischen Angaben einiger Schriftzeugnisse und den Verbreitungsmustern bestimmter Bodenfunde wurde damals geschlossen, dass es einen alten germanischen Stamm der Sachsen gegeben hat, der aus einer Urheimat nördlich der unteren Elbe aufgebrochen war, um über Jahrhunderte hinweg nach und nach die Landschaften zwischen Nordsee und Harz in Besitz zu nehmen. Dieses Narrativ von der Expansion eines Sachsenvolkes wird in der Forschung seit einigen Jahrzehnten sehr kritisch gesehen: Es gilt mittlerweile als das nationalromantisch verklärte Ergebnis einer methodisch unzulässigen Verquickung schriftlicher und archäologischer Quellen. Tatsächlich lässt sich die Expansion einer Bevölkerungsgruppe zwischen Nordsee und Mittelgebirgen im 1. Jahrtausend durch nichts belegen.

In Zweifel gezogen wird heute aber auch die populäre Vorstellung, der Sachsenstamm hätte im Zuge seiner Landnahmen im 5. Jahrhundert ebenso auf der Britischen Hauptinsel zielgerichtet Land und Leute unter seine Herrschaft gebracht. Dass Bewohner heute nordwestdeutscher Gebiete zur «Germanisierung» des römischen Britanniens beigetragen haben, ist unbestreitbar. Ergebnisse der Archäologie, Linguistik, Namenforschung und Populationsgenetik geben jedoch zu erkennen, dass dies Teil eines sehr großräumigen, multifaktoriellen Migrationsgeschehens des 4./5. Jahrhunderts rund um die Nordsee war. Ob sich hieran beteiligte kontinentale Bevölkerungsgruppen tatsächlich selbst als Sachsen betrachtet haben und wenn ja, welche dies genau waren, lässt sich nur mutmaßen.

Es gibt also sehr viele verschiedene Vorstellungen davon, wer oder was Sachsen sind. Tatsächlich ist vor allem ihre Unbestimmtheit die hervorstechende Eigenschaft der Sachsen in der Überlieferung aus dem 1. Jahrtausend. Und wie sich zeigen lässt, haben nicht erst Autoren der Neuzeit Wunschvorstellungen und zeitgenössische Verhältnisse in die Vergangenheit zurückprojiziert. Das macht die Sache kompliziert: Nicht alle Sachverhalte lassen sich zweifelsfrei und mit eindeutigem Ergebnis aufklären. Wie der Historiker Walter Pohl gefordert hat, gilt es der Versuchung zu widerstehen, diese Befunde zu einem kohärenten Narrativ «glattzubügeln» – denn es sind gerade die Widersprüchlichkeiten der Überlieferung, die helfen, die historische Wirklichkeit dahinter zu verstehen.

Das vorliegende Buch versucht aus der Perspektive der aktuellen Forschung zu resümieren, was wir über die Sachsen des 1. Jahrtausends verlässlich in Erfahrung bringen können und was nicht. Kapitel II bietet zunächst einen Überblick über die wichtigsten Schriftquellen und aktuellen Sichtweisen der historischen Forschung. Kapitel III erläutert, warum nicht alle in der Überlieferung als «Sachsen» bezeichneten Leute Sachsen sein müssen. Im Anschluss werden in Kapitel IV verschiedene moderne Erkenntnisse der archäologischen Forschung über dic frühgeschichtliche Bevölkerung im heute nordwestdeutschen Raum dargestellt. In Kapitel V wird dann geschildert, wie sich dort das sächsische Herzogtum des Mittelalters formierte, und in Kapitel VI wird abschließend kurz erläutert, wie es dazu kam, dass sich der Sachsenname im Namen der deutschen Bundesländer Sachsen, Sachsen-Anhalt und Niedersachsen findet.

II. Sachsen in den Schriftquellen des 1. Jahrtausends

Die aus dem 1. Jahrtausend überlieferten Texte, in denen von Sachsen die Rede ist, sind überwiegend auf Latein verfasst, zum Teil aber auch auf Griechisch bzw. Altgriechisch. Der Sachsenname erscheint darin in der Schreibweise «Saxones» oder «Σάξονες». Das ist, wie sich gleich zeigen wird, von Bedeutung für die Frage, wann Sachsen in den Schriftquellen zum ersten Mal in Erscheinung treten.

Wenn im Folgenden von *Saxones* und nicht von *den* Sachsen gesprochen wird, dann deshalb, weil Letzteres voraussetzen müsste, dass alle in den Quellen *Saxones* (oder Σάξονες) Genannten Angehörige *einer* klar definierten Gruppe sind. Wie in Kapitel III noch genauer ausgeführt, ist das aber nicht möglich.

1. *Saxones* in der Überlieferung aus dem Römischen Reich

Der älteste bekannte Text, in dem Sachsen bzw. *Saxones* genannt werden, ist möglicherweise die sogenannte Geographie des Ptolemäus aus dem 2. Jahrhundert. Ptolemäus war ein griechischer Gelehrter, der in der römischen Provinz *Aegyptus* (Ägypten) lebte. Bei seiner «Geographie» handelt es sich um eine Art kartographische Anleitung: Sie verzeichnet die geographische Länge und Breite von mehreren Tausend Orten und Punkten wie zum Beispiel Flussmündungen mit Hilfe der Koordinaten eines Gradnetzes, das Ptolemäus aus eigenen mathematischen und astronomischen Berechnungen entwickelt hat. Das Werk nennt aber auch die Namen zahlreicher Völker oder Stämme. Ptolemäus lokalisiert sie in Bezug auf geographische Gegebenheiten und beschreibt ihre Nachbarschaftsverhältnisse. Ihre Auflistung dient erkennbar vor allem der Binnengliederung großer, ansonsten kaum näher beschriebener Räume.

Unter den Bevölkerungsgruppen, die Ptolemäus aus den Gebieten der *Germania* anführt, gibt es eine, die den Namen *Saxones* getragen haben soll. Ptolemäus platziert sie nördlich der unteren Elbe, ganz im Süden der Jütischen Halbinsel. Wo genau diese Gruppe dort ansässig war und wie groß der von ihr in Anspruch genommene Landstrich, lässt sich der «Geographie» nicht entnehmen. Manche Historiker interpretieren die Angaben von Ptolemäus dahingehend, dass die Bevölkerungsgruppe im heutigen Schleswig-Holstein saß, das nördliche Holstein und Dithmarschen aber nicht von ihr bewohnt wurden. Anderen Ansichten zufolge erstreckte sich ihr Gebiet bis an die Nordseeküste. Es lassen sich aber auch Argumente dafür finden, dass diese Gruppe darüber hinaus das heutige Mecklenburg-Vorpommern bis hin zum Lauf der Recknitz oder der Peene besiedelt haben müsste. *Saxones* soll bei Ptolemäus außerdem der Name der Bewohner von drei Inseln vor der Elbemündung gewesen sein.

Dass Ptolemäus tatsächlich von *Saxones* sprach, lässt sich allerdings nicht beweisen. Der Gelehrte hat seine «Geographie» auf Griechisch verfasst, und heute existieren davon nur noch Abschriften, die ab dem Ende des 13. Jahrhunderts entstanden sind. Der Originaltext des Ptolemäus ist nicht erhalten. In den mittelalterlichen Kopien finden sich nun Schreibweisen des fraglichen Völkernamens, die nicht alle als *Saxones* gelesen werden können, sondern auch als *Axones* und *Aviones*. In griechischer Buchstabenfolge sehen die drei Namen sehr ähnlich aus und können verwechselt werden. Es muss also damit gerechnet werden, dass sich beim wiederholten Abschreiben Übertragungsfehler in die Kopien eingeschlichen haben. Damit steht natürlich zur Debatte, welcher Name in der Urschrift des Ptolemäus stand: *Aviones*, *Axones* oder tatsächlich *Saxones*? Der römische Historiker Tacitus, der im 1. Jahrhundert die Bewohner Germaniens beschrieben hat, verzeichnet eine Gruppe namens *Aviones* nördlich der Elbe, aber *Saxones* werden in seiner Schrift «Germania» nirgends erwähnt. Dies könnte dafür sprechen, dass auch Ptolemäus selbst nicht *Saxones*, sondern *Aviones* geschrieben hat.

Im 3. Jahrhundert verfasste Schriften, die *Saxones* erwähnen, sind nicht bekannt. Deshalb dürfen erst Texte, die im 4. Jahrhundert entstanden sind, als die ältesten sicheren Belegstellen für diesen Namen gelten. Der früheste Beleg ist eine Lobrede auf den römischen Kaiser Constantius II. (337–361) aus dem Jahr 356, die sein Vetter Julian verfasst hat, der später selbst Kaiser wurde. In dieser Rede wird von Aktivitäten von *Saxones* berichtet: Zusammen mit *Franci* (Franken) hätten sie den Usurpator Magnentius unterstützt, der in der römischen Provinz Gallien die Herrschaft an sich gerissen hatte und von 350 bis 353 Gegenkaiser war. Julian stellt darüber hinaus lediglich knapp fest, dass Franken und *Saxones* die kriegerischsten Völker «am Rhein und am westlichen Meer» seien.

Eine Geschichte des Römischen Reiches des römischen Historikers Eutrop, die ein bis zwei Jahrzehnte später, wohl zwischen 365 und 378 entstand, erzählt, dass Franken und *Saxones* zu Beginn der Regierungszeit des Kaisers Diokletian (285–306) zusammen den Ärmelkanal in der Nähe von Boulogne unsicher gemacht und Bewohner der Küste ausgeplündert haben. Ältere Berichte aus dem 4. und auch aus dem 3. Jahrhundert nennen lediglich Franken oder «Germanen» als Aggressoren. Aber von jetzt an wird in der Überlieferung fast immer von *Saxones* gesprochen, wenn es um seeräuberische Überfälle von Barbaren auf Provinzen des Römischen Reiches geht, die an die Nordsee und den Ärmelkanal grenzen. In den 390er Jahren fiel eine vielleicht in Gallien gefangen genommene Gruppe von *Saxones* in die Hände des römischen Senators Symmachus. Wie er selbst in einem seinen vielen überlieferten Briefe berichtet, hat der auch als Literat bekannte Symmachus diese Gefangenen dann in Rom als Gladiatoren kämpfen lassen.

Die früheste bekannte Nachricht über Attacken von *Saxones* auf die römische Provinz Britannien findet sich in den *Res gestae* («Tatenbericht») des römischen Historikers Ammianus Marcellinus aus den 390er Jahren. Ammianus hält fest, dass diese im Jahr 364 die Provinzbewohner heimsuchten, zusammen mit Pikten aus dem Norden der Insel, *Attacotti* nicht genannter Herkunft und Schotten aus Irland. Die *Saxones* waren

Ammianus zufolge Nachbarn der Franken, welche er am Unterlauf des Rheins lokalisiert, aber im Unterschied zu anderen germanischen Barbaren, die er in seinem Werk behandelt, bezeichnet der Historiker *Saxones* nicht als Stamm oder Volk (*gens*).

Vielleicht ebenfalls aus den 390er Jahren, vielleicht aber erst aus dem 1. Drittel des 5. Jahrhunderts ist eine Aufstellung aller wichtigen militärischen und zivilen Würden und Ämter des West- und Oströmischen Reiches überliefert. Diese *Notitia dignitatum* listet auch insgesamt drei Verantwortliche auf, unter deren Kommando Befestigungen eines *litus Saxonicum*, einer «Sachsenküste», beiderseits des Ärmelkanals und der Nordsee standen. Auf welche Zeit sich diese Aussage bezieht, lässt sich nicht mit Sicherheit sagen. Es steht auch nicht fest, ob die *Notitia dignitatum* reale Verhältnisse dokumentiert oder einen Idealzustand beschreiben soll. Nachweisbar ist aber, dass bereits seit dem 1. Jahrhundert an den südöstlichen Küsten Britanniens befestigte römische Militärstützpunkte unterhalten wurden und spätestens im 3. Jahrhundert auch an den gegenüberliegenden gallischen Küsten. An einigen Orten sind noch heute Reste teils imposanter Anlagen vorhanden. Die *Notitia dignitatum* liefert außerdem einen Hinweis darauf, dass *Saxones* in der römischen Armee dienten: Unter den in *Phoenicia* stationierten Truppenteilen wird eine Auxiliareinheit mit dem Namen *ala Saxonum* verzeichnet. Seit wann und wie lange diese existierte, lässt sich aber nicht klären.

Die in Texten dieser Zeit *Saxones* Genannten sind fast ausschließlich mobile Gruppen skrupelloser, mordgieriger Männer, die mit Schiffen die Nordsee und den Ärmelkanal befahren und anliegende Gebiete terrorisieren und ausplündern. Sie werden stets als überaus gefährlich und unberechenbar charakterisiert. Es sind die, mit deren Angriffen vom Meer aus allzeit zu rechnen ist, «egal welcher Wind wehen mag», wie der römische Dichter Claudius Claudianus an der Wende zum 5. Jahrhundert festhält. Und etwas später, am Anfang des 5. Jahrhunderts, schreibt der römische Historiker Orosius, *Saxones* seien «ein Volk, das an den Küsten und in den unzugänglichen Sümpfen des Ozeans beheimatet ist und für seinen Mut und seine Beweglichkeit gefürchtet ist». Und noch etwas fällt auf: Im Fokus der Autoren steht immer der Ort, den diese Seeräuber angreifen, nicht der Ort, von dem sie kommen. Letzterer scheint den Verfassern der Überlieferung aus dem Römischen Reich unbekannt gewesen zu sein oder war für sie nicht von Interesse. Vor diesem Hintergrund dürfte *litus Saxonicum* bedeutet haben: die von den Piraten heimgesuchte Küste.

Die in der Provinz Britannien stationierten römischen Truppen wurden zwischen 400 und 410 abgezogen, unter anderem durch den römischen Militär Flavius Claudius Constantinus. Er wurde im Jahr 407 in Britannien von seinen Soldaten zum Kaiser ausgerufen. Eine in Gallien verfasste Chronik, die wohl 452 entstand, verzeichnet für das Jahr 409/410 einen weiteren Einfall von *Saxones* in Britannien. Der Chronik ist aber auch zu entnehmen, dass die Provinz 440 oder 441/442 unter die Herrschaft von *Saxones* geraten ist. Leider werden die näheren Umstände oder Details dieser Vorgänge nicht geschildert. Nachrichten an anderer Stelle gibt es zu diesem Geschehen nur wenige und erst in Texten, die 50 bis 60 Jahre später abgefasst wurden. So notiert der byzantinische Historiker Zosimus am Anfang des 6. Jahrhunderts, dass sich die Briten selbst gegen Angriffe zur Wehr setzen mussten, weil Flavius Claudius Constantinus römische Truppen abgezogen hatte und sie deshalb 410 gegen die römische Herrschaft rebellierten. Die Angreifer heißen bei Zosimus aber nur «Barbaren». Den Namen *Saxones* verwendet er nicht. Eine zweite gallische Chronik, die 511 niedergeschrieben wurde, hält noch einmal fest, dass sich Britannien 440 in die Herrschaft von *Saxones* gefügt hat, nachdem es von den Römern aufgegeben worden war.

Von einer Herrschaftsübernahme durch *Saxones* in der Provinz Britannien erzählt außerdem ein Text, der auf der britischen Hauptinsel selbst entstanden ist. Er könnte schon um 500 verfasst worden sein, vielleicht aber auch erst zur Mitte des 6. Jahrhunderts, also gut 100 Jahre nach diesen Vorgängen. Es handelt sich um eine Mahnpredigt aus der Feder eines Klerikers namens Gildas. Unter dem Titel *De excidio britonum* («Über den Untergang der Briten») beklagt der Kirchenmann die moralische Verwahrlosung und Gottlosigkeit der geistlichen und weltlichen Eliten seines Landes. Ihr sittlicher Verfall soll Gildas zufolge begonnen haben, als es den Briten gelungen war, trotz des Rückzugs der Römer die Pikten und Schotten zu vertreiben, die in ihre Gebiete einfielen. Gott strafte die Sündigen, unter anderem mit einer Epidemie. Als Teil der göttlichen Erziehungsmaßnahme beschreibt Gildas aber auch eine Heimsuchung, die «selbst bei Gott verhasst» war und so fürchterlich, dass der Mönch empfiehlt, sie nicht beim Namen zu nennen: *Saxones* ... Gildas erzählt, dass britische Anführer *Saxones* als Krieger für den Kampf gegen Invasoren aus dem Norden der Insel angeworben hatten und im Osten Britanniens die Niederlassung dieser Söldner duldeten. Mit den vertraglich vereinbarten Gegenleistungen waren diese allerdings nicht lange zufrieden. Sie begannen selbst zu rauben und zu morden. Die Situation geriet schließlich außer Kontrolle: *Saxones* unterwarfen sich Land und Leute ihrer Auftraggeber. Wann und wie genau das geschah, erfährt man bei Gildas nicht. Auch über die Organisation der Vertragsbrecher berichtet er nichts. Genauso wenig hat ihn ihre Herkunft beschäftigt: Eine grausame Brut aus dem «Bau der barbarischen Löwin», übers Meer gekommen mit Schiffen, mehr musste offenbar nicht gesagt werden – der Name *Saxones* war Programm.

2. *Saxones* aus merowingischer Sicht

Im 5. Jahrhundert haben nicht nur in der römischen Provinz *Britannia* «Barbaren» erfolgreich nach der Macht gegriffen. Als die Römer zur gleichen Zeit die *Gallia* zunehmend sich selbst überließen, konkurrierten dort verschiedene Interessensgruppen um den Zugriff auf Pfründe und Machtpositionen. Zu den rivalisierenden Potentaten und Clans gehörten auch Nachkommen von germanischen Zuwanderern aus rechtsrheinischen Gebieten. Sie waren im späten 3. und im 4. Jahrhundert in der *Gallia* ansässig geworden, wo sie der römischen Armee unter eigenem Kommando Hilfstruppen stellten. Eine Sammelbezeichnung römischer Schriftsteller für derartige Söldnerverbände war «Franken». In der gallo-romanischen Gesellschaft des 5. Jahrhunderts waren diese «Militärmigranten», wie moderne Historiker sie nennen, längst etabliert. Ein Franko-Gallier namens Childerich erlangte in den 460er und 470er Jahren großen Einfluss: Zunächst wohl ein hoher Befehlshaber in der römischen Armee, kontrollierte er am Ende seines Lebens das ganze Gebiet im Norden der *Gallia*, das in etwa dem heutigen Belgien entspricht. Er nannte sich selbst *rex*, «König». Einer der mächtigsten Gegenspieler des Childerich war der westgotische *rex* Euric. Auf ihn hat der gallo-römische Bischof Sidonius Apollinaris um 476 eine Lobrede verfasst, aus der hervorgeht, dass in dieser Zeit des Umbruchs auch in Gallien *Saxones* unterwegs waren: Eine Gruppe war am Hof des Westgoten in Bordeaux erschienen. Sidonius bemerkt, dass die Männer blaue Augen hatten und sich den Haaransatz rasierten, um ihre Gesichter länger und ihre Schädel kleiner wirken zu lassen.

Als Childerich um 481 starb, trat sein Sohn Chlodwig im Alter von etwa 16 Jahren zielstrebig in die Fußstapfen des Vaters. Bis zu seinem eigenen Tod im Jahr 511 gelang es ihm, sich die Spitzenposition in der Hierarchie der Machthaber in Gallien zu erkämpfen. Chlodwig und alle späteren Nachkommen des Childerich werden heute als Angehörige der Dynastie der Merowinger bezeichnet, nach einem Vorfahren namens Merowech. Sie selbst haben sich «Könige der Franken» genannt. 511 fielen vier Söhnen des Chlodwig verschiedene Teilbereiche seines Herrschaftsgebietes zu, die sie und ihre Nachkommen ebenso aggressiv wie erfolgreich erweiterten. Theuderich, der Sohn Chlodwigs, der im östlichen, später *Austrasien* genannten Teilreich regierte, unterwarf und ermordete zusammen mit seinem Halbbruder Chlothar I. zu Beginn der 530er Jahre Herminafrid, den letzten von drei Königen der Thüringer, die ihrerseits als Brüder über Teilreiche geherrscht haben. Seine Mitregenten hatte Herminafrid zuvor selbst umgebracht – einen davon mit Theuderichs Hilfe. Durch eine Eheschließung eng mit der Familie Theoderichs des Großen (* 454, † 526) verbunden, dürften die Thüringerkönige im 6. Jahrhundert die einflussreichsten Rivalen der Merowinger rechts des Rheins gewesen sein – und ihre finale Beseitigung in Person des Herminafrid ein besonderer Coup der Frankenkönige: Zwar sollen die Herrschaftsgebiete der drei Thüringer nach gängiger Meinung insgesamt nur in etwa das heutige Thüringen und den Süden Sachsen-Anhalts umfasst haben. Aber es gibt in der Überlieferung viele sehr deutliche Hinweise darauf, dass sich die damalige *Thuringia* über die nordwestdeutsche Tiefebene bis zur Nordsee und an den Rhein, möglicherweise sogar in linksrheinische Landschaften, und im Süden bis zur Donau erstreckte, mithin mit dem Tod des Herminafrid ein riesiges Gebiet dem Zugriff der Merowinger offenstand. Ein Sohn des Theuderich († 533), Theudebert I. (534–547), prahlte in einem Brief, den er in den 540er Jahren an den oströmischen Kaiser Justinian schrieb, dass zu den Völkern, über die er gebiete, neben Franken auch Thüringer, Jüten und *Saxones* gehörten. Letztere hätten sich dem Frankenkönig aus eigenem Entschluss unterworfen. Wo diese *Saxones* saßen, geht aus dem Schreiben allerdings nicht hervor.

In Schriften, die von Autoren im Umfeld der Merowinger des 6. Jahrhunderts überliefert sind, finden sich weitere Nachrichten und Äußerungen über *Saxones*. Als Quellen relevant sind das Geschichtswerk des Bischofs Gregor von Tours († 594) und Schriften des mit dem Bischof befreundeten Dichters Venantius Fortunatus († 610). Der Dichter, der aus Norditalien stammte, weiß von *Saxones*, die ganz offensichtlich im Mündungsgebiet der Loire, bei Nantes beheimatet waren, und auch Gregor von Tours kennt Gruppen von *Saxones*, deren Wohnsitze zweifelsfrei in küstennahen Gebieten der alten *Gallia* zu lokalisieren sind. Zunächst berichtet er, dass im Jahr 465 *Saxones* unter einem Anführer namens Odowaker zur Stadt Angers gekommen sind, um Geiseln zu empfangen, jedoch von Römern in die Flucht geschlagen wurden. Angers ist zuvor von Childerich eingenommen worden. Auch einige Inseln, die *Saxones* gehörten, fielen in fränkische Hände. Odowaker hielt das aber nicht davon ab, danach mit Childerich ein Bündnis zu schließen. Manche Historiker sind der Ansicht, dass dieser wendige Warlord jener Odowaker war, der 476 den letzten weströmischen Kaiser Romulus Augustulus stürzte.

Gregors Bericht über Odowaker und seine Krieger kann als früheste Belegstelle für in der *Gallia* ansässige *Saxones* gelten. Später erzählt der Bischof von Begebenheiten aus dem 6. Jahrhundert, in denen *Saxones* eine Rolle spielen, die ganz offensichtlich an der Seine und in Bayeux wohnten. Auch diese Männer scheinen vor allem als «Gewaltunternehmer» tätig gewesen zu sein: Sie verdingen sich als Leibwächter von Kaufleuten, sind als Söldner in innermerowingische Machtkämpfe und Intrigen gallo-römischer Potentaten verwickelt oder lavieren wie Odowaker mit wechselndem Erfolg im eigenen Interesse zwischen allen Fronten.

Gregor von Tours berichtet außerdem von *Saxones*, die 568 mit Langobarden nach Italien gezogen sind. Der Ausgangsort ihrer kriegerischen Expedition ist allerdings genauso unklar wie die Lokalisierung der Gegend, in der sie später durch den Merowinger Sigibert I., einen Sohn Chlothars I. († 561), wieder angesiedelt werden sollten. Betrachtet man die von Gregor geschilderten Vorgänge im Licht anderer und jüngerer Überlieferungen, lässt sich wahlweise behaupten, dass diese *Saxones* aus der Nähe von Boulogne oder aus der Gegend um Bayeux gekommen sein müssten – oder aus einem Gebiet nordöstlich des Harzes. Auch Gregor selbst schreibt an anderer Stelle über *Saxones*, die in rechtsrheinischen Gebieten beheimatet gewesen sein könnten: Seinem Werk sowie einer Historie des burgundischen Bischofs Marius von Avenches († 594) ist zu entnehmen, dass sich in den Jahren 555 und 556 zweimal *Saxones* gegen Chlothar I. erhoben und Abgaben nicht leisten wollten, zu denen sie offenbar verpflichtet waren. Seit wann das der Fall war und wo die Aufständischen saßen, wird nicht mitgeteilt. Allerdings verwüstet Chlothar deshalb *totam Thuringiam*, «ganz Thüringen», denn Thüringer hätten die *Saxones* bei ihrer Rebellion unterstützt. Damit stellt sich natürlich die Frage nach dem Verhältnis der Thüringer bzw. der Bewohner der *Thuringia* zu den rebellischen *Saxones*: Bewohnten die Letzteren ein Gebiet, das der *Thuringia* benachbart war? Oder lebten sie in der *Thuringia*? Auf der Grundlage der schriftlichen Überlieferung lässt sich das nicht aufklären. Für 556 oder 557 verzeichnet Gregor jedenfalls noch einen Vorstoß von *Saxones* in die *Francia*, die «von ihren Gebieten» her plündernd bis in die Nähe von Deutz vorgedrungen seien. Die Herkunft dieser *Saxones* muss nicht zwingend rechts des Rheins gesucht werden, darf aber durchaus dort vermutet werden.

Auch Vernantius Fortunatus erzählt von Auseinandersetzungen der Merowinger mit *Saxones*, die zusammen mit Thüringern agierten und gemeinsam mit *Dani* (Dänen) unterwegs waren. Unter anderem soll ein Gefolgsmann Sigiberts I. (561–575), dem nach Chlothars Tod alle von Merowingern eroberten Gebiete rechts des Rheins unterstanden, an der Lahn gegen *Saxones* und Dänen gekämpft haben. Venantius lässt in einem von ihm verfassten Gedicht ebenso Sigibert selbst einen Sieg über «thüringische *Saxones*» erringen.

Für das 6. Jahrhundert lässt sich damit schlussfolgern, dass es *Saxones* gab, die an verschiedenen Orten in der alten *Gallia* ansässig waren. Hinsichtlich jener *Saxones*, über die Clothar I. († 561) und sein schon 547 verstorbener Neffe Theudebert nach der Zerschlagung des Thüringerreiches Herrschaft beanspruchten, muss jedoch festgehalten werden, dass die Quellen keine Sachverhalte schildern, die belegen, dass auch sie links des Rheins lebten. Es erscheint plausibler, dass diese den Merowingern zumindest in den 550er Jahren offensichtlich tributpflichtigen und augenscheinlich mit Thüringern kooperierenden *Saxones* rechtsrheinischen Gebieten entstammten.

Expliziter ist von rechtsrheinischen *Saxones* im Zusammenhang mit den Merowingern in der sogenannten Chronik des Fredegar die Rede. Sie entstand im 7. Jahrhundert, vielleicht um 660. Dieser fränkischen Überlieferung zufolge hat Theudebert II., der seit 595 König im östlichen Teilreich *Austrasien* war, im Jahr 612 für einen Kampf gegen seinen Bruder Theuderich II. *Saxones*, Thüringer und andere *gentes* («Völker», «Stämme») «von jenseits des Rheins oder anderswo» zusammengezogen. Die Schlacht fand bei Zülpich am Rhein statt. Die *Saxones* – gemeint sind natürlich Krieger, nicht buchstäblich ein ganzes «Volk» im heutigen Wortverständnis – hatten dem Frankenkönig vielleicht Gefolgschaft zu leisten. In den 630er

Jahren war laut Fredegar-Chronik der Merowinger Dagobert I. († 638/639), jetzt König in *Austrasien*, mit Kampfverbänden auf dem Weg in die *Thuringia*, um dort einen Einfall von Slawen zu stoppen. Am Rhein bei Mainz trifft er dabei auf *Saxones*. Sie bieten ihm an, die Slawen fernzuhalten, wenn der König ihnen dafür eine jährliche Abgabe von 500 Kühen erlassen würde. Fredegar erläutert, dass diese Verpflichtung den *Saxones* schon vom «älteren Clothar» auferlegt worden war. Ob Chlothar I. († 561) oder Dagoberts Vater, Chlothar II. († 629), gemeint ist, bleibt offen. Dagobert nimmt das Angebot jedenfalls an.

In der Fredegar-Chronik und anderen Quellen des 7. Jahrhunderts treten aber auch wieder *Saxones* in Erscheinung, die fraglos auf dem Boden der alten *Gallia* beheimatet waren. Dazu zählt ein gewisser Aeghyna. Er agiert als einer von zehn Herzögen, die mit ihren Kriegerverbänden Interessen des Frankenkönigs Dagoberts I. durchsetzen. Zweifelsfrei ein Angehöriger der Oberschicht und vielleicht im Gebiet der Garonne gebürtig, soll der Sachse Aeghyna mit seinen Männern zuvor schon Chlothar II. gedient haben.

3. *Saxones* zur Zeit der Arnulfinger

Um das Jahr 727 entstand mit dem *Liber Historiae Francorum* («Buch der Geschichte der Franken») eine Historie, in der linksrheinische *Saxones* keine Rolle mehr spielen. Aber bislang nur mutmaßlich rechtsrheinische *Saxones* werden darin ganz unmissverständlich verortet: Dem *Liber Historiae Francorum* zufolge war Chlothar I. bei seinem Kampf gegen aufmüpfige *Saxones* bis zur Weser vorgestoßen. Auch Chlothar II. lässt das Werk *Saxones* an der Weser niederwerfen. Die Rebellen hätten in diesem Fall ein Heer aus vielen «Völkern» aufgestellt und seien von einem Heerführer (*dux*) namens Bertoald befehligt worden, der sich selbst als «Knecht» (*servus*) Chlothars II. tituliert. Inwiefern Schilderungen und Details von Ereignissen des 6. und 7. Jahrhunderts im *Liber Historiae Francorum* den Tatsachen entsprechen, wird kontrovers diskutiert. Unstrittig ist aber, dass im Jahrzehnt seiner Entstehung tatsächlich ein fränkischer Großer zur Weser gezogen ist, um dort *Saxones* zu bekämpfen. Es war allerdings kein Herrscher aus der Dynastie der Merowinger, sondern Karl Martell (* wohl 688/689, † 741), ein ebenso machtgieriger wie einflussreicher Angehöriger der fränkischen Elite. Sein Urgroßvater Pippin (genannt «der Ältere», † um 639) diente Dagobert I. als *maior domus*, d.h. als oberster Verwalter oder «Hausmeier». Auch Karl Martell hatte dieses hohe Amt inne. Er verstand es, seine Position und Befugnisse zur Kontrolle, Manipulation und Entmachtung der Merowinger zu nutzen: Mit der Königserhebung seines Sohnes Pippin («der Jüngere») löste Karl Martells Familie im Jahr 751 die Merowinger auf dem fränkischen Thron ab. Seine Sippe wird in der Geschichtswissenschaft als das Geschlecht der Arnulfinger bezeichnet, nach ihrem Urahn Arnulf, der zur Zeit Dagoberts I. Bischof von Metz war († 640). Karl Martell überquerte in den 720er Jahren wenigstens zwei oder drei Mal mit Kampfverbänden den Rhein, um gegen *Saxones* vorzugehen. Ein erster Feldzug hatte ihn wohl schon 718 gegen *Saxones* an die Weser geführt. Dieses Unternehmen könnte die Antwort auf einen Angriff von *Saxones* 715 im Gebiet der Hattuarier gewesen sein. Ob das rechts oder links des Rheins gesucht werden muss, ist nicht geklärt. 738 hat Karl Martell noch einmal *Saxones* angegriffen, dieses Mal im Umfeld der Mündung der Lippe in den Rhein. Die Aktion endete mit einem fürchterlichen Gemetzel. Der Franke ließ außerdem zahlreiche Geiseln wegführen und forderte von einigen *Saxones* Tribute.

Zur Zeit Karl Martells entstand in Britannien die *Historia ecclesiastica gentis Anglorum*, eine «Kirchengeschichte des englischen Volkes». Ihr Verfasser, der Mönch Beda Venerabilis (* 672/673, † 735), hat die Arbeit an diesem Werk im Jahr 731 im Kloster Jarrow (Nordengland) abgeschlossen. Mit der Schilderung des Schicksals einiger Missionare von der Insel, die vermutlich in den 690er Jahre auf dem Kontinent rechts des Rheins unterwegs waren, überliefert Bedas Kirchengeschichte eine «nicht-fränkische» Wahrnehmung von *Saxones* auf dem Kontinent. Beda erzählt, dass ein Bischof *Suidberct* unter den *Boructuarii* viele Menschen bekehren konnte. Wo deren Gebiet lag, gibt er nicht an. Danach verloren die *Boructuarii* einen Kampf mit *Antiqui Saxones*, «Alten Sachsen» oder «Alt-Sachsen». *Suidberct* sah sich deshalb gezwungen, den Schutz von Pippin dem Mittleren († 714) zu suchen, dem Vater von Karl Martell. Zwei andere Kirchenmänner, über die Beda berichtet, versuchten «in der Provinz» der *Antiqui Saxones* zu missionieren. Diesen Glaubensboten, die beide Ewald hießen, war kein Erfolg beschieden: Sie erlitten dort das Martyrium.

Beda bezeichnet seine *Antiqui Saxones* als *gens*. Es lässt sich zeigen, dass er den Begriff *gens* in seinen Schriften für Personenverbände benutzte, die von einem König (*rex*) angeführt werden. Beda betont allerdings ausdrücklich, dass die *Antiqui Saxones* keinen *rex* hätten, sondern «viele Satrapen», die herrschten. Im Kriegsfall würden die Satrapen per Los einen aus ihrem Kreis als obersten Befehlshaber bestimmen. Beda erzählt, dass die beiden Ewalde, nachdem sie in einem Dorf bei einem *villicus* (eine Art Gutsverwalter) untergekommen waren, bei einem Satrapen vorstellig werden wollten. Doch dazu kam es nicht: Sie wurden entführt, getötet und in den Rhein geworfen. Pippin der Mittlere ließ ihre Leichen nach Köln bringen. Der sächsische Satrap hingegen ließ die Ermordung der Glaubensboten bestrafen: Laut Beda befahl er, das Dorf niederzubrennen und alle Bewohner zu töten. Der Begriff «Satrap» taucht in Bedas mehrbändiger Kirchengeschichte nur im Zusammenhang mit den *Antiqui Saxones* auf. Er hat ihn zweifellos dem Alten Textament entlehnt, wo Fürsten verschiedener biblischer Völker damit benannt sind. Warum Beda das tat und welche Position die als «Satrap» Bezeichneten im gesellschaftlichen Gefüge seiner *Antiqui Saxones* einnahmen, ist Gegenstand einer komplizierten wissenschaftlichen Kontroverse. Vielleicht wollte der Mönch die *Antiqui Saxones* als den biblischen Philistern vergleichbar erscheinen lassen, mit dem Potential, sich von Feinden zu Verteidigern des Christentums zu wandeln. Beda könnte mit den sächsischen Satrapen aber auch autonome Kleinkönige über Stämme gemeint haben. Oder er sprach von «Königen im eingeschränkten Sinne», Potentaten, die einem höheren König unterstanden, aber selbst «unabhängig und königsgleich» Macht in bestimmten Gebieten ausüben konnten – was die Frage aufwirft, ob Beda als obersten König den fränkischen Herrscher im Sinn hatte.

Einen Blick auf kontinentale *Saxones* wirft auch die Überlieferung zu einem berühmten Zeitgenossen des Beda, dem Heiligem Bonifatius (* 672/673, † 754). Wie Beda stammte Bonifatius von der britischen Hauptinsel. Er war selbst als Glaubensbote auf dem Kontinent unterwegs. Bonifatius, der später von konversionsunwilligen Friesen erschlagen wurde, spricht in einigen Briefen ebenfalls von *Antiqui Saxones*, die es auf dem Kontinent zu missionieren gelte. Ein Schreiben des Papstes Gregor II. aus den 720er Jahren, das Bonifatius zur Unterstützung seiner Bekehrungspläne erbeten hatte, richtet sich an *universo populo provinciae altsaxonum*, an die «gesamte Bevölkerung der Provinz der Altsachsen». Auf Bitte des Bonifatius verfasste außerdem Papst Gregor III. ein Schreiben: Es ist nicht namentlich an *Saxones* oder *Antiqui Saxones* gerichtet ist, sondern an «alle Obersten und alles Volk in den Provinzen der *Germania*: *Thuringi* und *Hessi*, *Borthari* und *Nistresi*, *Wedrecii* und *Lagnai*, *Sudui* und *Graffelti* und an alle, die rechts des Rheins wohnen». Die beiden Papstbriefe lassen erkennen, dass sich hinter der Bezeichnung *Antiqui Saxones*, die Beda als dezentral organisiert und ohne die Anwesenheit einer obersten Führungsinstanz schildert, verschiedene Gruppen mit anderen Namen verbergen.

Karl Martell ist 741 gestorben. Einer seiner Söhne, Karlmann, unterwarf 743 bei *Hoohseoburg* einen sächsischen Fürsten mit Namen Theodericus. Die Lokalisierung des Ortes bzw. der Befestigung *Hoohseoburg* ist bislang nicht gelungen: Verschiedenen Überlegungen zufolge könnte sie bei Watenstedt im Landkreis Helmstedt im Nordharzvorland, bei Quedlinburg am Nordrand des Harzes, in Eisleben östlich des Harzes oder noch ein Stück weiter östlich, in der Nähe von Halle an der Saale gelegen haben. Im Jahr 744 oder 745 kam Karlmann noch einmal zurück und nahm Theodericus gefangen. Sein Vorgehen gegen diesen Mann könnte im Zusammenhang mit einem Feldzug stehen, den Karlmann ebenfalls 743 und zusammen mit seinem Bruder Pippin dem Jüngeren gegen den bairischen Herzog Odilo unternahm. Dieser wurde in der Auseinandersetzung von sächsischen Hilfstruppen unterstützt. Odilo war Karlmanns und Pippins Schwager, da er mit deren Schwester Hildtrud verheiratet war. Karlmann und Pippin bekämpften aber auch ihren Halbruder Grifo aus einer zweiten Ehe Karl Martells. Grifos Mutter stammte wie Odilo aus dem bairischen Herzogshaus. 748 begab sich Grifo *in Saxoniam* («ins Land der Sachsen») und zog bei Ohrum an der Oker, heute im Landkreis Wolfenbüttel, Anhänger zusammen. Pippin setzte ihm mit seinen Leuten bis nach Schöningen nach, rund 30 Kilometer östlich von Ohrum. Die Verfolger sollen durch Thüringen gezogen sein. Grifo konnte sich entziehen, aber seine sächsischen Unterstützer mussten sich Pippin ergeben und zusagen, den Tribut wieder zu zahlen, den sie einst «dem Chlothar» entrichtet hatten. Das Land der Sachsen, die *Saxonia*, war damit Schauplatz eines innerfamiliären Machtkampfes zwischen Söhnen und einem Schwiegersohn Karl Martells sowie zugleich zwischen einem Zweig der Arnulfinger und dem bairischen Herzogshaus, in dem *Saxones* Partei ergriffen.

751 wurde Pippin der Jüngere, wie schon erwähnt, König der Franken. Bereits 752 oder 753 drang er erneut gegen *Saxones* vor, dieses Mal zunächst zur Iburg, heute bei Bad Driburg im Landkreis Höxter, und von da bis nach Rehme an der Weser. *Saxones*, die er 758 angegriffen hat, konnte der König zwingen, eine jährliche Abgabe von 300 Pferden zu versprechen.

Das Gebiet, das Karl Martell und seine Söhne rechts des Rheins aufsuchten, um dort gegen *Saxones* vorzugehen, zeichnet sich in groben Zügen ab: Die drei Arnulfinger agieren an der Lippemündung, stoßen zur Iburg und zur Weser vor, dabei einmal nach Rehme unweit der Porta Westfalica und ins östliche Nordharzvorland, wo Ohrum und Schöningen liegen. Die Lage der Orte von überlieferten Begegnungen mit *Saxones* erwecken den Eindruck, dass der Hauptaufmarschweg der Franken der Hellweg war. Auf den verschiedenen Trassen dieser wichtigsten Überlandroute vom Niederrhein zur Elbe am Nordrand der Mittelgebirge sind schon die Römer in die *Germania* vorgedrungen. Ob die Hellwegzone die rechtsrheinische *Saxonia*, in der Grifo Verbündete hatte, insgesamt repräsentiert, lässt sich allerdings nur vermuten.

Offenbleiben muss außerdem, inwieweit sich die gesamte *Saxonia* nach damaligen fränkischen Begriffen oder auch nur das Aktionsgebiet der drei Arnulfinger mit den Vorstellungen deckt, die die englischen Kirchenmänner Beda und Bonifatius sowie Papst Gregor II. von der Lage und Ausdehnung einer «Provinz der alten Sachsen» hatten. Ihre Äußerungen zu dieser Provinz bzw. ihren *Antiqui Saxones* erlauben keine Bestimmung geographischer Dimensionen. Nicht einmal wohin genau die zwei Ewalde gezogen sind, ist zu erfahren. Es lässt sich nur feststellen, dass sie wohl nicht weit gekommen sind: Ihr Schicksal hat sie in nächster Nähe zum Rhein ereilt.

Man mag es drehen und wenden, wie man will – ein klares Bild von der Lage und Ausdehnung rechtsrheinischer Gebiete, in denen damals aus fränkischer und englischer Sicht *Saxones* bzw. *Antiqui Saxones* beheimatet waren, ist nicht zu gewinnen. Man darf auch nicht voraussetzen, dass die als *Saxones* bezeichneten Leute in jeder Hinsicht mit den Gruppen identisch waren, die als *Antiqui Saxones* galten. Genauso wenig ist verlässlich zu klären, inwieweit ihre Gebiete von der *Thuringia* im damaligen Verständnis abgegrenzt wurden und ob überhaupt. Hier hilft auch eine Lebensbeschreibung des Bonifatius nicht weiter, die Willibald, der Kapellan des Bischofs Lullus von Mainz († 786), zwischen 754 und 769 verfasst hat: Zwar kann dieser Biographie entnommen werden, dass die Bewohner Thüringens im späten 7. oder frühen 8. Jahrhundert die Herrschaft von *Saxones* akzeptierten, nachdem sich die Zahl ihrer Fürsten im Zuge interner gewaltsamer Konflikte stark reduziert hatte. Ein Beweis für die Eroberung der *Thuringia* durch *Saxones* in dieser Zeit lässt sich daraus aber nicht ableiten.

4. Die «Sachsenkriege» Karls des Großen

Pippin der Jüngere ist 768 gestorben. Seine Söhne Karl und Karlmann traten in verschiedenen Teilen der weiten fränkischen Herrschaftsgebiete die Nachfolge an. Als drei Jahre später auch

Karlmann starb, wurde Karl zum Alleinherrscher. Karls Feldzüge rechts des Rheins gegen *Saxones* sind berüchtigt: wegen ihrer großen Zahl und der Grausamkeit, mit der er seine «Sachsenkriege» geführt, aber auch weil Karl «der Große», wie er später genannt wurde, die von seinen Unterwerfungsmaßnahmen Betroffenen mit Gewalt zur Annahme des christlichen Glaubens gezwungen hat.

Im Spiegel fränkischer *Annalen* (Jahrbücher), die am oder im Umfeld des königlichen Hofes verfasst wurden, und der Lebensbeschreibung Karls des Großen von Einhard, die in den 820er Jahren entstanden sein dürfte, lässt sich eine schier endlose Abfolge von Angriffen und Revanchen rekonstruieren. Seine erste militärische Kampagne gegen *Saxones* unternahm der König im Jahr 772. Dabei zerstörte er mit seinen Kampfverbänden zunächst die Eresburg an der Diemel (heute Obermarsberg im Hochsauerlandkreis) und dann einen Kultplatz mit einer heiligen Säule aus Holz, die *Irminsul* genannt wird. Dabei könnte dem Franken einiges an Gold und Silber in die Hände gefallen sein. Danach zog Karl zur Weser, wo ihm Geiseln gestellt wurden. Diesen Angriff haben *Saxones* 773 mit einem Überfall auf die Büraburg bei Fritzlar in Hessen gekontert. Im Gegenzug eroberte Karl 775 auf einem von Düren bei Aachen aus begonnenen Feldzug erst eine sächsische Befestigung, die mit der Hohensyburg bei Dortmund identifiziert wird, und setzte dann die Eresburg wieder instand. An der Oker, wohin er nach einem Kampf mit *Saxones* bei *Brunisberg* an der Weser weitergezogen war, unterwarfen sich ihm kampflos *omnes Austreleudi Saxones*, «alle östlichen Sachsen». Sie wurden von einem Mann namens Hessi angeführt. Den Rückweg trat Karl über ein «Bucki» genanntes Gebiet an, vermutlich östlich von Minden gelegen, wo ihm *Angrarii*, die einem Anführer mit Namen Brun folgten, ebenfalls freiwillig Geiseln stellten. Westlich von Minden, links der Weser, ergaben sich schließlich *Westfalaos*, aber offenbar erst nach einem Kampf. Erneuter Aufruhr ließ Karl 776 in die Gegend von Lippspringe ziehen. Zahlreiche *Saxones* gelobten dort nicht nur Unterwerfung: Sie versprachen auch die Annahme des Christentums, was durch das Übergeben von Geiseln und eine Massentaufe besiegelt wurde. Ort des Geschehens soll eine Befestigung gewesen sein, die Karl der Große erbauen oder erneuern und *urbs Karoli* nennen ließ. Damit dürfte das heutige Paderborn gemeint sein. Als der König 777 dort den ersten Reichstag in Gebieten der *Saxones* veranstaltete, gelobten die anwesenden sächsischen Großen erneut ihre Treue.

Hatte Karl sich jetzt als Gewinner in diesem Kräftemessen betrachtet, dann belehrte ihn schon das Jahr 778 eines Besseren: *Saxones* fielen im Rheinland ein. Sie erreichten Deutz gegenüber von Köln und zogen von dort den Rhein hinauf zur Höhe der Moselmündung. Auch die *urbs Karoli* bzw. Paderborn wurde zerstört. Als Urheber dieses Aufruhrs gilt ein Anführer namens Widukind. Von ihm sprechen die fränkischen Jahrbücher schon ein erstes Mal im Zusammenhang mit dem Reichstag in Paderborn: Der Sachse hatte darauf verzichtet, dort zu erscheinen und Karls Oberherrschaft anzuerkennen, und sich stattdessen *in partibus Nordmanniae* («zu den Nordleuten») abgesetzt. 779 zog Karl wieder gegen *Saxones*. Ausgangspunkt war die Lippemündung. Der König unterwarf erneut Westfalen, dieses Mal offenbar ohne Kampfhandlungen; bei Bocholt sollen kampfbereite *Saxones* geflüchtet sein. Bei *Medofulli*, vielleicht Uffeln, schworen «die übrigen» *Saxones* erneut dem König ihre Treue. 780 begab sich Karl dann über die Eresburg und Lippspringe zur Mündung der Ohre in die Elbe nördlich von Magdeburg. Bei Ohrum an der Oker wurde wieder getauft, jetzt viele «Nordleute» und Leute aus dem «Bardengau». Der Begriff «Gau» – lateinisch *pagus* – bedeutet «Landschaft» oder «Gebiet» in einem geographischen Sinn. In Urkunden wird er damals auch verwendet, wenn von Räumen unter der Verfügungsgewalt bestimmter Personen die Rede ist. Der «Bardengau» dürfte die Gegend beiderseits der Ilmenau um das heutige Lüneburg umfasst haben. Die Nordleute gelten als Bewohner heute holsteinischer Gebiete nördlich der Elbe.

782 hielt Karl den nächsten Reichstag in sächsischem Gebiet ab, dieses Mal in Lippspringe. Es wird berichtet, dass von den sächsischen Großen nur Widukind der Veranstaltung fernblieb: Dieses Mal zog er sich nach Dänemark zurück. Im selben Jahr

wollte Karl der Große sowohl fränkische als auch sächsische Kampfverbände gegen plündernde Sorben einsetzen. Die Franken haben ihr Ziel aber nie erreicht: Bei einem nicht verlässlich lokalisierbaren Berg oder Höhenzug wohl am Nordrand der Mittelgebirge, der als «Süntel» bezeichnet wird, kam es zu einem Kampf mit *Saxones*, den die Franken verloren. Sechs fränkische Feldherren und Anführer sowie etliche andere «hervorragende und edle Franken» kamen dabei ums Leben. Karl selbst zog daraufhin mit seinen Verbänden zur Mündung der Aller in die Weser, verwüstete die *Saxonia* und ließ «eine ungeheure Menschenmenge umbringen». Dem König ergebene *Saxones* taten kund, dass Widukind hinter der Attacke auf die fränkischen Verbände am Süntel stünde, und lieferten ihrem Herrn alle aus, die als Anhänger Widukinds galten. Karl ließ diese hinrichten: angeblich 4500 Männer an einem Tag, bei einem Ort namens Verden. Danach musste Karl Erhebungen am Lauf der Hase und bei Detmold niederwerfen. 784 zog er bis nach Schöningen, während sein gleichnamiger Sohn in diesem Jahr *Saxones* an der Lippe bekämpfte. 785 hielt sich Karl nach einem Zug zur Weser bei Rehme in der Eresburg auf, veranstaltete einen weiteren Reichstag in Paderborn und begab sich schließlich nach Bardowick, in der Nähe von Lüneburg. Ob der König dort mit Widukind und einem anderen sächsischen Großen namens Abbio zusammenkam, ist fraglich. Sicher ist aber, dass Widukind und Abbio – mit welchen Mitteln auch immer – dazu gebracht wurden, sich zum königlichen Hof Karls des Großen in Attigny, etwa 50 Kilometer nordöstlich von Reims, zu begeben und sich dort taufen zu lassen. Die fränkischen Jahrbücher stellen fest, dass nun «ganz Sachsen» unterworfen war.

Aber ab 794 unternahm Karl erneut Kriegszüge gegen *Saxones*, in jährlicher Folge bis 799 und teils mit Unterstützung seiner Söhne Karl und Ludwig. Zwar berichten die Aufzeichnungen, dass *Saxones* mit ihren Kriegerverbänden 787 Karl den Großen bei dessen Vorgehen gegen den bairischen Herzog Tassilo III. unterstützen, und es wird erzählt, dass ein Feldzug Karls gegen Wilzen rechts der Elbe im Jahr 789 auch auf Anraten von *Saxones* erfolgte und von diesen sowie von Friesen, Sorben und

Abodriten unterstützt wurde. Aber schon 792 hatte es offenbar wieder einen Angriff von *Saxones* auf Franken gegeben, dieses Mal «an der Elbe, nahe dem Meer». 797 stieß der König selbst bis zur Nordsee vor, an einen Ort namens Haduloha. 798 zog er aufs Neue gegen «Nordleute», rechts der Elbe, unterstützt von Abodriten. Nachdem er 802 ein Heer «Nordalbingien», Gebiete der Nordleute, verwüsten ließ, begab er sich 804 wieder selbst in die *Saxonia*: Nach einem Reichstag in Lippspringe hielt sich Karl in Hollenstedt (heute im Landkreis Harburg) auf, wo er mit Unterhändlern der Dänen und Abodriten zusammenkam. Zu Karls Strategie, endgültig aller *Saxones* Herr zu werden, gehörte neben der Verschleppung zahlreicher Geiseln auch die gezielte Deportation von Menschen. Wie die Quellen festhalten, wurden unter anderem «alle Sachsen, die jenseits der Elbe und in Wigmodien wohnten, mit Frauen und Kindern» deportiert. Mit Wigmodien dürften die Landschaften zwischen unterer Weser und Elbe sowie das westliche Holstein gemeint sein. Besitz und Güter von Deportierten verteilte Karl «unter seinen Getreuen». Im Urteil der Forschung dienten die Feldzüge der 790er Jahre ganz gezielt der «Verwüstung und willkürlichen Bestrafung». Der König habe die Auflehnung der Sachsen «mit Maßnahmen beantwortet, die nach heutigen Begriffen als Terror zu gelten hätten», so der Historiker Matthias Springer.

5. Die *Saxonia* zur Zeit der «Sachsenkriege»

Ob aus Sicht der Merowinger und der Arnulfinger vor Karl dem Großen auch andere Gebiete zur *Saxonia* gezählt worden sind als nur jene, in denen diese den Schriftquellen zufolge operiert haben, lässt sich nicht sagen. Im Spiegel der überlieferten Aktivitäten Karls des Großen und seiner Söhne umfasst der so bezeichnete Raum zunächst wieder die nördliche Randzone der Mittelgebirge zwischen Rhein und Elbe, wie schon zur Zeit der Vorgänger Karls. Ab den 790er Jahren kommen dann aber weite Gebiete im heute nordwestdeutschen Flachland hinzu: der Raum um Lüneburg, das Land zwischen unterer Weser und Elbe und Regionen nördlich der Elbe. Als wichtigster Aufmarschweg dorthin erscheint jetzt ganz klar der Hellweg. An dem Fernverkehrsweg lag auch die *urbs Karoli*.

Bevölkerung. Die Äußerungen über *Antiqui Saxones* auf dem Kontinent, die sich in der Kirchengeschichte des Beda und in der Überlieferung zu Bonifatius finden, werfen nur wenig Licht auf die *Saxones*, mit denen sich Karl Martell und seine Söhne rechts des Rheins auseinandersetzten: Sie legen nahe, dass es sich dabei um verschiedene, dezentral organisierte Gruppen gehandelt hat, deren Gebiete nicht klar vom Raum der *Thuringia* nach damaligem Begriff geschieden wurden. Für die Zeit Karls des Großen ist der Befund hingegen eindeutig: *Saxones* ist ein Sammelbegriff für verschiedene Gruppen, die unter anderen Namen und unabhängig voneinander agieren – so wie in der Überlieferung der Name *sclavi* («Slawen») Wilzen, Sorben und Abodriten subsumieren kann. Schon für das Jahr 775 lässt sich feststellen, dass die Franken drei Gruppen von *Saxones* unterscheiden, die geographisch von West nach Ost aufeinanderfolgen: *Westfalaos* («Westfalen»), *Angrii* («Engern») und *Austrasii*, was schlicht «die im Osten» bedeutet. Derselbe Begriff liegt dem Namen *Austrasien* für den östlichen der fränkischen Herrschaftsbereiche zugrunde. Die *Austrasii* in der karolingischen *Saxonia* werden auch *Austreleudi Saxones* genannt oder *Osterliudi*, «östliche Sachsenleute» oder «Ostleute», später gelegentlich *Ostfalai* oder einfach *orientalis Saxones*, «östliche Sachsen». Seit den 790er Jahren kommen *Albingii Septemtrionales*, «Nordalbingier» («nördlich der Elbe Wohnende») hinzu, die auch *Northliudi* («Nordleute») genannt werden. Es ist offensichtlich, dass sich zumindest hinter den Bezeichnungen «östliche Sachsen» und «Nordleute» Untergruppen verbergen dürften. Die Schriftquellen lassen nicht erkennen, ob auch die Bewohner der *Saxonia* das so gesehen oder diesen großen Raum selbst als ein zusammenhängendes Gebiet wahrgenommen haben. Von den «Sachsenkriegen» Karls des Großen betroffen waren aber auch Friesen: Friesische Anführer agieren auf fränkischer Seite und als Verbündete von *Saxones*. Eine klare Unterscheidung zwischen der *Saxonia* und dem Land der

Friesen spiegeln die Schriftquellen jedoch nicht. Friesen erscheinen darin auch als Bewohner der *Saxonia*. *Saxones* ist also ein Sammelbegriff für viele und sicher für die meisten Gruppen in den von Karl dem Großen heimgesuchten Landschaften – aber keineswegs für alle.

Gesellschaftsordnung. Über das gesellschaftliche Gefüge in der *Saxonia* Karls des Großen lässt sich nur sehr wenig sagen. Die zeitgenössischen erzählenden Quellen liefern hierzu fast keine Informationen. Die von Karl Deportierten, über die sie berichten, dürfen als Angehörige der Oberschicht gelten. Die Anführer Widukind, Hessi und Brun waren wie Theodoricus offensichtlich sehr ranghohe und auch überregional vernetzte Mitglieder dieser Elite: Sie unterhielten Allianzen mit Angehörigen des bairischen Herzogs und hatten gute Kontakte zu dänischen Großen und anderen «Nordmännern», die ihnen Zuflucht boten. Ob sie mit den «Satrapen» genannten Anführern der *Antiqui Saxones* des Beda gleichgesetzt werden können, ist nicht zu klären. Widukind, Hessi und Brun haben jedenfalls ganz offensichtlich nicht per Los einen aus ihrem Kreis als obersten Befehlshaber bestimmt, sondern eigenständig agiert und konträre Ziele verfolgt.

In der letzten Phase seiner «Sachsenkriege» hat Karl der Große einige Gesetze zur Anwendung in der *Saxonia* erlassen, aber auch sie liefern keine verlässlichen Hinweise. Der wohl älteste dieser Gesetzestexte ist die *Capitulatio de partibus saxoniae*. Es handelt sich dabei um eine Liste von 34 Verordnungen des Königs. Jüngsten Überlegungen zufolge stammt sie aus den 790er Jahren. Eine der Verordnungen verbietet jegliche Versammlung, die ohne einen königlichen Boten stattfindet. Die Forschung ging lange davon aus, dass hiermit die legendäre sächsische Stammesversammlung an einem Ort namens «Marklo» verboten werden sollte, die in einer nach 840 entstandenen Vita des Heiligen Lebuin beschrieben wird. Heute hat sich die Ansicht durchgesetzt, dass diese Versammlung eine Erfindung des Verfassers der *Vita Lebuini* ist. Sie kann deshalb genauso wenig wie die Feldherren auslosenden Satrapen der *Antiqui Saxones* des

Beda als Beleg für quasi-demokratische Verhältnisse in der *Saxonia* vor oder zu der Zeit Karls des Großen angeführt werden. Die heutige Gemeinde Marklohe bei Nienburg an der Weser beweist übrigens nicht die Existenz eines historischen Ortes «Marklo»: Sie erhielt ihren Namen erst in den 1930er Jahren. Bis dahin hieß das Dorf Lohe.

Weitere Gesetzestexte sind das 797 erlassene *Capitulare Saxonicum* und die *Lex Saxonum* aus den Jahren 802/803. Ihr Wortlaut steht im Fokus spitzfindiger rechtshistorischer Debatten darüber, inwiefern hierin geltendes fränkisches Recht mit einem älteren, «sächsischen Volksrecht» verquickt wird und ob ein Letzteres aus diesen Gesetzestexten abgeleitet werden kann. Die Verordnungen umfassen auch einen Katalog von Bußgeldern, mit denen die Verletzung und Tötung von Menschen zu sühnen ist. Dabei werden vier Rechtsstände unterschieden: Sklaven, Freigelassene, Freie und als ranghöchste Kategorie «Edle». Diese Klassifizierung ist keine genuin «sächsische». Sie findet sich auch in nicht für *Saxones* verordneten Gesetzestexten der Zeit. Dass sie verwendet wird, könnte anzeigen, dass versucht wurde, die Gesellschaft in der *Saxonia* fränkischen Rechtsvorstellungen zu unterwerfen.

Kultus. Die Merowinger und auch Karl Martell und seine Söhne hatten sich für die Glaubensvorstellungen und religiösen Praktiken in der *Saxonia* nicht interessiert. Ihr Ziel war allein die Unterwerfung von in ihren Augen Aufständischen. Zwar betont der Bericht über das Blutbad, das Karl Martell 738 an der Lippemündung angerichtet hat, dass die Niedergemetzelten *paganissimi* seien, was man mit «Heiden schlimmster Sorte» übersetzen könnte. Der Text dürfte aber erst zwischen 768 und 786 entstanden sein, also kurz vor oder während der «Sachsenkriege» Karls des Großen. In dieser Zeit ist immer wieder von «den Heiden» die Rede, wenn es um *Saxones* geht. Damit wird allerdings nicht bloß festgestellt, dass diese einem nicht-christlichen Glauben anhingen: «Heiden» waren in den Augen fränkischer Herrscher Leute, die nicht bereit waren, den obersten Hüter der gottgewollten Ordnung auf Erden als ihren Gebieter anzuerkennen. Und das war damals Karl der Große. Dass sich Widukind, Karls wohl einflussreichster Widersacher, im Jahr 785 darauf einließ (oder einlassen musste), getauft zu werden, war also weit mehr als ein Bekenntnis zum christlichen Glauben. Die Taufe war ein Ritual der Unterwerfung, das der fränkische König in der *Saxonia* in aller Regel erzwungen hat. Im Fall des Widukind könnte sich Karl damit aber nicht begnügt haben: Es gibt Anhaltspunkte dafür, dass er den Sachsenführer nach seiner Taufe als Mönch im Kloster auf der Bodenseeinsel Reichenau dauerhaft festsetzen ließ (Abb. 1).

Am missionarischen Eifer Karls des Großen lassen auch drastische Strafandrohungen in der *Capitulatio de partibus saxoniae* keinen Zweifel: «Sterben soll, wer Heide bleiben will und unter den Sachsen sich verbirgt, um nicht getauft zu werden oder es verschmäht, zur Taufe zu gehen.» Mit der Todesstrafe bedroht wird selbst der, der die Leichname Getaufter *ad tumuli paganorum,* «bei den Hügeln der Heiden» begräbt. Für einen Frankenkönig gehen mangelnde Festigkeit im christlichen Glauben und Treulosigkeit gegenüber dem König Hand in Hand. Mit einer weiteren Verordnung aus der *Capitulatio* stellt Karl unmissverständlich klar, mit welchem Risiko das verbunden ist: «Dem geht es an Kopf und Kragen, der dem König als untreu erscheint.» Es gibt keinen Grund, daran zu zweifeln, dass Karl der Große tatsächlich von der Überzeugung beseelt war, dass es seine Pflicht und Aufgabe sei, alle ihm Untergebenen zu Christen zu machen und sich so Gottes Beistand für eine Herrschaft zum Wohle aller zu sichern. Mit seinem brachialen Vorgehen in der *Saxonia* stieß er aber selbst bei seinem Berater Alkuin, einem geistlichen Gelehrten aus der Schule des englischen Klosters York, auf unverhohlene Kritik. Alkuin hielt sogar die Abgabe des Kirchenzehnten, die Karl verfügte, für keine geeignete Maßnahme, den Glauben getaufter *Saxones* zu festigen. Die Anordnung dieser Steuer findet sich ebenfalls in der *Capitulatio de partibus saxoniae.*

Die Frage, welchem Kult die zu Bekehrenden anhingen, ist nicht befriedigend zu beantworten. Als mitteilungsfreudigste Schriftquelle zu diesem Thema gilt erneut die *Capitulatio de partibus saxoniae*. Sie listet verschiedene Gebräuche auf, die unter nicht getauften *Saxones* üblich sein sollen: Das Opfern von Menschen, Wahrsagerei und Zauberei, Gelübde an «Quellen, Bäumen oder Hainen» und gemeinschaftliche Mähler, um Götzen zu ehren, der Glaube an Hexen, das Verbrennen und Verzehren getöteter Hexen und das Einäschern von Toten. Aber die meisten Historiker sind skeptisch, dass das auch alles tatsächlich praktiziert wurde. Vermutlich hat die *Capitulatio* einfach nur zusammengestellt, was an Abscheulichkeiten von Heiden zu erwarten war. Nichts davon kann als besonderes Merkmal einer «sächsischen» Religion gelten.

Schwierigkeiten bereitet auch die Einordnung einer Götterfigur namens «Saxnot». Von ihr ist in der Niederschrift eines Taufgelöbnisse vom Ende des 8. Jahrhunderts die Rede, das offenbar in der *Saxonia* zum Einsatz kam. Der Text besteht aus vorformulierten Fragen, die der Täufer stellt, und vorformulierten Antworten, die der Täufling zu erlernen und auszusprechen hat. Der Täufling musste sich unter anderem laut lossagen «von allen Teufelswerken und Worten, von Donar und Wotan und Saxnot und allen Unholden, die ihre Genossen sind». Donar und Wotan sind gut bekannte germanische und keinesfalls spezifisch sächsische Götter, aber Saxnot taucht in der kontinentalen Überlieferung zum frühen Mittelalter ausschließlich in diesem Taufgelöbnis auf. Es wird diskutiert, ob der Name lediglich der Beiname eines allgemeinen germanischen Gottes war oder Saxnot eine Götterfigur aus England darstellt und ob es gerechtfertigt ist, den Namen als «Schwertgenosse» oder «Sachsengenosse» zu deuten. Bislang wurde noch kein abschließendes Ergebnis erzielt. Beweise dafür, dass es sich um einen speziellen sächsischen Gott handelt, gibt es nicht.

Leider lässt sich auch über das Irminsul genannte Heiligtum, das Karl der Große 772 zerstörte, nur wenig Verlässliches in Erfahrung bringen. In einem Bericht über einen Reliquientransfer in die *Saxonia*, der Jahrzehnte später im 9. Jahrhundert im Kloster Fulda verfasst wurde (die sogenannte *Translatio Sancti Alexandri*), wird es beschrieben als ein «Baumstumpf von beträchtlicher Größe, der unter dem freien Himmel in die Höhe ragte». Dem Text zufolge bedeutet Irminsul *universalis columna*, «als ob die Säule das All getragen hätte», sinngemäß also «Weltsäule». Selbst wenn das – wie vermutet wird – den Tatsachen entspricht, muss offenbleiben, ob es in der *Saxonia* nur die von Karl zerstörte Irminsul gegeben hat oder viele und ob solche Säulen auch außerhalb der *Saxonia* existierten.

6. Die Eingliederung der *Saxonia* in die *ecclesia*

Das Geschehen in der *Saxonia* nach dem Ende der «Sachsenkriege» Karls des Großen wird gemeinhin als «Eingliederung in das Frankenreich» beschrieben. In der modernen Forschung wird allerdings nachdrücklich betont, dass damals ein fränkisches «Reich» oder ein fränkischer «Staat» im heutigen Verständnis der Begriffe nicht existiert haben. «Die einzige politische Institution, mit der die fränkische politische Kultur gearbeitet hat», war «*Gott, Seelenheil* und *Kirche*», wie es der Historiker Bernhard Jussen formuliert hat, und entsprechend kannte der Frankenkönig nur «einen Rahmen politischen Denkens und Handelns»: *ecclesia* – «die Kirche». Religiöses und Politisches waren noch untrennbar verwoben, und so kann *ecclesia* auch den «Aktionsradius der Könige» meinen. Das Ineinandergreifen von königlicher Macht und sakraler Ordnung sowie das Selbstverständnis der Frankenkönige als oberste Diener und Hüter der *ecclesia* wird auch im Kontext der «Sachsenkriege» Karls des Großen deutlich sichtbar. Ebenso ist klar erkennbar, dass und wie die herrschaftliche Durchdringung der *Saxonia* mit der Schaffung von kirchlichen Organisationsstrukturen einherging. Bereits 784/785 soll Karl der Große in der *Saxonia* eine erste Kirche gebaut haben, in der von ihm okkupierten Eresburg. Und schon 799 hielt sich erstmals ein Papst in der *Saxonia* auf: Ein Treffen Karls mit Papst Leo III. fand in Paderborn statt. In den Quellen wird vermerkt, dass damals dort «eine Kirche von wunderbarer Größe» geweiht wurde. 23 Jahre später ist Paderborn dann als Sitz eines Bischofs mit Namen Badurad nachzuweisen. Bezeugt wird das durch eine Urkunde, die Ludwig, ein Sohn Karls des Großen, am 2. April 822 für Badurad ausgestellt hat. Karl der Große war 814 gestorben, und Ludwig, genannt «der Fromme», hatte seine Nachfolge angetreten. In der Urkunde für Badurad sichert Ludwig dem Kleriker Immunität zu. Das bedeutet, dass dieser in einem bestimmten Gebiet unabhängig von Amtsträgern des Königtums handeln konnte. Damit wird zum ersten Mal ein kirchlicher Verwaltungsbezirk in der *Saxonia* verlässlich greifbar.

Inwieweit schon die Frankenkönige vor Karl dem Großen und Ludwig dem Frommen die rechtsrheinischen Gebiete, in denen sich *Saxones* ihrer Oberherrschaft mal beugten und mal widersetzten, als Teil ihrer *regna* («Machtbereiche» oder «Räume königlichen Zugriffs») betrachtet haben, lässt sich nicht abschließend beurteilen. Karl der Große jedenfalls hat seinen Anspruch auf oberste Verfügungsgewalt dort für legitim gehalten und ließ jeden Widerstand dagegen konsequent brechen. Er war auch der Erste, der in der *Saxonia* bauliche Manifestationen seiner Herrschaft hinterlassen hat. Archäologische Untersuchungen haben gezeigt, dass die architektonische Ausgestaltung seiner *urbs Karoli* am Hellweg, die nach den Zerstörungen von 778 begonnen worden ist, überaus aufwendig und anspruchsvoll war. Die «Paderborner Kaiserpfalz», wie der königliche Hof mit seiner «Kirche von wunderbarer Größe» heute genannt wird, hat ihre repräsentative Wirkung auch in Zeiten der Abwesenheit des Herrschers und auf Durchreisende sicher nicht verfehlt: Ihre Gebäude gehörten zu den ersten Bauwerken in der *Saxonia*, die vollständig aus Stein errichtet worden sind.

Dass er gekommen war, um zu bleiben, demonstrierte Karl der Große aber nicht nur am Hellweg. In einer Verordnung aus dem Jahr 805, dem «Diedenhofener Kapitular», bestimmte er, in Magdeburg an der Elbe, in Bardowick (bei Lüneburg) und an einem Platz namens «Schezla» Kontrolleure zu stationieren, um weit ab des königlichen Vorortes Paderborn den Export von Waffen in Gebiete jenseits der Elbe zu unterbinden. Schezla kann mit einer frühmittelalterlichen Siedlung bei der Ortschaft Meetschow gleichgesetzt werden, die nach Ausweis archäologischer Befunde vom 7. bis 9. Jahrhundert existiert hat und um 800 befestigt wurde. Der Platz liegt unweit des Höhbeck, einer markanten Anhöhe auf dem linken Ufer der Elbe im heutigen Landkreis Lüchow-Dannenberg, gegenüber der Stadt Lenzen. Die Chronik von Moissac hält fest, dass 806 an der Elbe zwei Burgen errichtet wurden, unter der Aufsicht von Karl († 811), einem Sohn Karls des Großen. Eine davon wird bei Halle an der Saale lokalisiert, die andere *contra Magadoburg*, «gegenüber Magdeburg», und damit wohl auf der rechten Seite der Elbe. Für das Jahr 807 wird vom Bau zweier weiterer Befestigungen an der Elbe berichtet. Im Jahr 810 erfolgte dann die Eroberung eines *castellum Hohbuoki* durch Wilzen, das im Auftrag Karls des Großen von «ostsächsischen» Kriegern verteidigt worden war. Karl der Große ließ das Kastell 811 wieder instandsetzen. Die Anlage wird schon lange auf dem Höhbeck lokalisiert, wo sich Reste einer frühmittelalterlichen Befestigung erhalten haben. Jüngst konnte die Datierung dieser Strukturen in die genannten Jahre mit Hilfe dendrochronologischer Untersuchungen an erhaltenen Bauhölzern bestätigt werden. Die um 800 erfolgte Befestigung der Siedlung bei Meetschow und die Besetzung des Höhbeck-Kastells dürften zusammenhängen. Es wurde zur Diskussion gestellt, dass Karl beabsichtigt haben könnte, mit den Fortifikationen an der Elbe eine «visuell erfahrbare befestigte Flussgrenze» nach spätrömischem Vorbild zu schaffen. Immerhin führte er seit einem Aufenthalt in Rom im Jahr 800 den Titel *imperator*, so wie vor ihm die römischen Kaiser. Diskutiert wird in diesem Zusammenhang auch die These, dass es sächsischen Großen leichter gefallen sein könnte, sich Karl unterzuordnen, nachdem der Franke begonnen hatte, als Träger kaiserlicher Würden aufzutreten.

Zu den Maßnahmen, die Karl der Große ergriff, um die Loyalität aller Mächtigen in der *Saxonia* zu kontrollieren und sicherzustellen, gehörte die Einsetzung von *comes* («Grafen»). Sie hatten die Interessen des obersten Herrschers vor Ort durchzusetzen. Im 19. und 20. Jahrhundert entwickelten Historiker die Vorstellung, dass es eine besondere «Grafschaftsverfassung der Karolingerzeit in den Gebieten östlich des Rheins» gegeben habe. Die jüngere Forschung hat dies jedoch verworfen. Wie Karl der Große in der *Saxonia* bestehende herrschaftliche Ordnungssysteme für sich nutzte, ist kaum zu beurteilen. Dafür fehlen die Quellen. Der Historiker Caspar Ehlers hat die wissenschaftlichen Bemühungen um eine Klärung dieser Frage mit nur einem Satz nüchtern bilanziert: «Das bekannte Diktum Bedas: *non habent enim regem idem antiqui Saxones* [«Die *Antiqui Saxones* haben keinen König»], bleibt mithin alles, was wir über eventuell von den Franken vorgefundene Herrschaftsstrukturen und fortdauernde Konzeptionen von Herrschaft bei den Sachsen vor und während der Eroberung durch die Franken wissen (...).»

Sächsische Diözesen und Klöster. Am Ende des 9. Jahrhundert saßen in der *Saxonia* außer in Paderborn auch in Münster, Osnabrück, Minden, Hildesheim, Halberstadt, Verden und Bremen bzw. Hamburg Bischöfe. Es galt lange als gesichertes historisches Wissen, dass Karl der Große diese Diözesen gewissermaßen mit einem «Masterplan und am Reißbrett» entworfen hat. So ist es bereits im 9. Jahrhundert behauptet worden. In der Tat sind einige Urkunden Karls des Großen und Ludwigs des Frommen überliefert, die diese Bistümer betreffen. Eingehende diplomatische Analysen haben allerdings gezeigt: Diese Dokumente sind fast alle gefälscht. Für echt erachtet wird nur noch die 822 von Ludwig dem Frommen für Badurad von Paderborn ausgefertigte Urkunde. Vor dem Hintergrund dieser Erkenntnis wird die Bildung der Bistümer in der *Saxonia* heute als ein «dynamischer und gestreckter Prozess» beschrieben, der sich ohne königlichen Gründungsakt vollzogen hat. Am Anfang stand die Entsendung von mobilen Missionsbischöfen. Hierzu gehörte der aus England stammende Willehad, der zwischen 780 und 782 im Auftrag Karls des Großen in Wigmodien missionierte. Nach fünfjähriger Unterbrechung nahm er diese Tätigkeit 787 wieder auf, jetzt offiziell zum Missionsbischof für dieses Gebiet geweiht. Willehad starb 789, aber erst 804/805 trat in Bremen ein Bischof die Nachfolge an. Sein Name war Willerich. Eine wichtige Rolle haben auch einige Männer aus der Familie des später heiliggesprochenen Luidger gespielt. Der Missionar kam ebenfalls aus England und wurde wie Willehad auf Wunsch

Karls des Großen in der *Saxonia* tätig. Luidger wurde 805 zum Bischof geweiht. Sein bischöflicher Missionsstandort war Münster. Nach dem Tod Luidgers im Jahr 809 übernahm dort sein Neffe Gerfrid diese Aufgabe und nach dessen Tod Luidgers Neffe Altfrid, der bis 849 in Münster Bischof war. Auch Luidgers Bruder Hildegrim wirkte als Missionsbischof in der *Saxonia*, von einem Sitz in Halberstadt aus, wo ihm 827 sein Neffe Thietgrim († 840) nachfolgte.

Als Beweis dafür, dass sich ein sächsisches Bistum fest etabliert hatte, erachtet die Forschung ein erhaltenes Immunitätsprivileg, wie das für den Paderborner Bischof Badurad von 822. Beweiskraft haben außerdem Schriftstücke, in denen sich Bischöfe in der *Saxonia* nach ihrem Bistumssitz benennen. Für die Bistümer Minden, Münster, Osnabrück, Halberstadt, Hildesheim, Verden sowie Bremen und Hamburg sind solche Belege erst für die 840er und 860er Jahre beizubringen. Insgesamt war die *Saxonia* den Metropolen Köln und Mainz unterstellt. Klar definierte Gebiete und Grenzen der sächsischen Diözesen sind vor dem hohen Mittelalter nicht nachzuweisen. Die Vorstellung, dass die Ausdehnung «altsächsischer Gaue» zur Festlegung von Diözesangrenzen gedient hat, wird heute nicht mehr akzeptiert. Es ist außerdem postuliert worden, dass die ersten Bischöfe in der *Saxonia* größere Siedlungen zum Sitz nahmen: Seit der Synode von Sardica im Jahr 343 sollten die Mittelpunkte von Diözesen ausschließlich in *civitates* eingerichtet werden. Die Forschung zu solchen *civitates* in der *Saxonia* im Sinne von «Hauptorten» ist von der Annahme beherrscht, dass sie am Platz der Dome bzw. ältesten Kirchenbauten der sächsischen Bischofssitze zu suchen seien. Bei Ausgrabungen ist man dort aber bislang nicht fündig geworden. Auch in Paderborn blieb die Suche nach einer großen älteren Ansiedlung am Standort des Domes erfolglos. Aber rund zwei Kilometer davon entfernt lässt sich ein solcher Platz nachweisen: Er befindet sich genau an der Kreuzung des Hellwegs mit dem Frankfurter Weg, einer weiteren wichtigen Handelsstraße, die von Frankfurt am Main kommend über Marsberg den Paderborner Raum erreicht. In den Schriftquellen erscheint die Siedlung erstmals

1050, unter dem Namen Balhorn, aber Ausgrabungen haben gezeigt, dass Balhorn schon zur römischen Kaiserzeit existierte. Für die Merowinger- und Karolingerzeit wird mit einer lückenlosen Ausdehnung über rund 40 Hektar Fläche gerechnet. Der Fund auffallend vieler Münzen, Importwaren und Luxusgüter vor allem rheinischer Herkunft zeugen von einem seit der römischen Kaiserzeit anhaltend regen Warenverkehr. Auch eine handwerkliche Verarbeitung von Buntmetall und Bein und die Herstellung von Textilien vor Ort lässt sich nachweisen. Die *urbs Karoli* Karls des Großen und der Sitz des Bischofs Badurad befanden sich also in der Nachbarschaft eines Ortes, der damals schon seit vielen Jahrhunderten eine zentralörtliche Funktion im Warenumschlag hatte. Vielleicht haben König und Kirche auch anderorts für ihre Einrichtungen wie in Paderborn zwar die Nähe solcher Plätze gesucht, aber einen gewissen räumlichen Abstand dazu für angebracht gehalten – sei es aus Sicherheitsgründen oder einfach um eine größere repräsentative Wirkung zu erzielen. Vielleicht war im Einzelfall auch die Suche nach einem geeigneten Bauuntergrund ausschlaggebend.

Zur kirchlichen Raumerfassung in der *Saxonia* trug auch die Gründung von Klöstern bei. Der Missionsbischof Luidger beispielsweise soll bereits 799 das Kloster Werden an der Ruhr gegründet haben. Derart frühe Klostergründungen zu Lebzeiten Zeit Karls des Großen, durch Karl selbst und schon während seiner «Sachsenkriege», etwa in Meppen oder Visbek, soll es an etlichen Ort gegeben haben. Aber die Gründungsdaten stehen in der Forschung auf dem Prüfstand und erweisen sich in vielen Fällen als nicht haltbar. Das betrifft auch einige Domstifte. Man darf davon ausgehen, dass das Kloster Corvey an der Weser, das Ludwig der Fromme unter seinen königlichen Schutz stellte, die erste monastische Gemeinschaft in der *Saxonia* war. Ludwig hielt das selbst im Jahr 823 in einer der zwei ersten Urkunden fest, die er für dieses Kloster ausfertigen ließ. Für die Gründung eines Klosters unumgänglich war die Beschaffung von Reliquien. Ludwig der Fromme übermittelte nach Corvey eine Reliquie des Heiligen Stefan aus der Kapelle der königlichen Pfalz in Aachen. Der erste Abt und die ersten Mönche kamen aus dem

Kloster Corbie in Nordfrankreich. Vielleicht waren dort oder in anderen fränkischen Klöstern sächsische Geiseln Karls des Großen zu Klerikern ausgebildet worden. Die Bibliothek der Neugründung an der Weser erhielt eine angemessene Ausstattung mit theologischen Schriften und liturgischen Texten sowie einen umfangreichen Bestand von Werken antiker Autoren zur Philosophie, Geschichte, Geographie, Landvermessung und Naturkunde. So etwas hat es in der *Saxonia* bis dahin noch nicht gegeben: Die Menschen dort haben ihre Kenntnisse, Regeln und Werte genauso wie ihre Geschichte, Mythen und Glaubensinhalte seit Jahrtausenden nur mündlich oder mit Bildern tradiert. Corvey transferierte die Schriftkultur der fränkischen Elite in ihre Welt. Das Kloster war schon bald die maßgebliche Bildungseinrichtung der *ecclesia* in der *Saxonia*, aus der verschiedene sächsische Bischöfe hervorgingen (Abb. 2).

Ludwig der Fromme förderte im Jahr 823 auch in Herford die Gründung eines Klosters. Anders als in Corvey entstand dort ein Konvent für Frauen. Das Zusammenwirken von königlicher Herrschaft und Kirche lässt sich aber nicht nur am Beispiel der später sogenannten «Reichsklöster» Corvey und Herford beobachten. Die den fränkischen Königen ergebenen Großen in der *Saxonia* gliederten sich in dieses Gefüge geschmeidig ein. Einer davon war Waltbert, der in den 850er Jahren in Wildeshausen ein Kloster gründete. Er war ein Enkel des Sachsenführers Widukind, der sich mit dem Vollzug seiner Taufe im Jahr 785 Karl dem Großen unterworfen hatte. Waltberts Vater, Widukinds Sohn Wikbert, schenkte knapp 50 Jahre später (834) der Kirche des Heiligen Martin in Utrecht Güter, über die er in friesischen Gebieten verfügte. Wikbert war laut Überlieferung ein *fidelis* («Getreuer») Lothars I., einem der Söhne Ludwigs des Frommen, die mit ihrem Vater um die Vormacht kämpften. Lothar I. hat Waltbert, der an seinem Hof erzogen worden war, bei der Beschaffung von Reliquien für dessen Stiftung in Wildeshausen unterstützt: Widukinds Enkel wurde in Rom von Papst Leo IV. empfangen und erhielt dort den Kopf des Heiligen Alexander.

In der 2. Hälfte des 9. Jahrhunderts gab es in der *Saxonia* zahlreiche weitere Klöster, die von reichen Familien der ortsansässigen Oberschicht gegründet und mit Land und Gütern ausgestattet worden sind. Ihre Zahl vergrößerte sich geradezu «explosionsartig». Die Auswahl der Äbte oder Äbtissinnen behielten sich viele Stifterfamilien vor. Mit einer Klostergründung konnten sie nämlich nicht nur ihr Seelenheil sichern, auch das gestiftete Vermögen konnte unter der Kontrolle der Familie bleiben. Außerdem ließen sich dort unverheiratete oder verwitwete Familienmitglieder angemessen unterbringen und versorgen. Auch für die Verstorbenen war gesorgt. Sie wurden in den Stiftskirchen beigesetzt. Die *memoria*, das Gebetsgedenken für die Toten und das Erinnern an die Stifter gehörten zu den wichtigsten geistlichen Pflichten der dort lebenden Kleriker. Beliebt war vor allem die Gründung von Kanonissenstiften: Kanonissen durften eigenen Besitz haben und mussten kein Gelübde auf Lebenszeit ablegen.

Sächsische An- und Einsichten. Nachdem Waltbert die Alexander-Reliquie für sein Stift in Wildeshausen erhalten hatte, beauftragte er einen Mönch namens Rudolf († 865) im Kloster Fulda, darüber zu berichten. Rudolf begann den «Überführungsbericht des Heiligen Alexanders» (*Translatio Sancti Alexandri*), den erst sein Schüler Meginhart vollendete, mit einer kleinen Geschichte der *Saxones* von ihren Ursprüngen bis zu ihrer Unterwerfung und Christianisierung durch Karl den Großen. Sie umfasst auch Beschreibungen einiger ihrer Sitten und Gebräuche, als sie noch «Heiden» waren. Dafür fügte der Mönch vor allem Abgeschriebenes neu zusammen, unter anderem den Inhalt ganzer Kapitel aus der «Germania» des Römers Tacitus aus dem 1. Jahrhundert. Darin werden gar keine *Saxones* erwähnt. Weitere Texte, die Rudolf wohl in der Bibliothek des Klosters Fulda vorfand und aus denen er schöpfte, waren fränkische Annalen und die *Vita Karoli Magni*, die von Einhard († 840) verfasste Lebensbeschreibung Karls des Großen. Rudolf behauptet, die *Saxones* seien übers Meer aus England gekommen. Dies war allerdings ganz offensichtlich kein Irrtum des Mönches, so der Historiker Robert Flierman, sondern eine bewusste literarische Entscheidung: Eine Ankunft über das Meer, «war für die Menschen damals ein akzeptabler Ausgangspunkt für die Erzählung der Geschichte eines Verbandes, dessen Ursprünge andernfalls unkenntlich bleiben müssten». Ein solches Wanderungsmotiv ist ein klassischer Anfang von Herkunftserzählungen frühmittelalterlicher Personenverbände und vielfach belegt.

Nachdem sie einen Platz namens Haduloha erreicht haben, lässt Rudolf den Frankenkönig Theuderich († 533) die *Saxones* – angeführt von einem Mann namens Hadugoto – als Krieger für seinen Kampf gegen den Thüringerkönig anwerben. Die Thüringer unterliegen, und Theuderich soll den *Saxones* als Lohn für ihre Dienste Land überlassen haben. Dass fränkische Könige rund 300 Jahre zuvor die Könige der Thüringer entmachtet haben, ist unstrittig. Doch Rudolfs Text ist der erste der Überlieferung, in dem behauptet wird, dass den Franken dabei von anderen geholfen worden sei – und ausgerechnet von *Saxones*? In allen älteren fränkischen Quellen zu diesem Geschehen erscheinen diese als Parteigänger und Verbündete von Thüringern. Der Mediävist Matthias Springer hat herausgestellt, dass der Ort Haduloha in fränkischen Quellen, die auch Rudolf vorlagen, «der sächsische Küstenort schlechthin» ist, und der Mönch die *Saxones* deshalb dort landen ließ, weil ihm gar kein anderer bekannt gewesen sein dürfte. Den Namen Hadugoto wiederum könnte er sich in Anlehnung an Haduloha sogar ausgedacht haben. Auch bei der Schilderung der «Sachsenkriege» Karls des Großen interpretiert Rudolf die Ereignisse neu: Während die fränkischen Quellen, die er dafür konsultierte, festhalten, dass Widukind von Karl zur Taufe gezwungen werden musste, stellt Rudolf fest, dass sich der Sachsenführer freiwillig taufen ließ. Bei ihm erscheint Widukinds Taufe wie ein erster Höhepunkt im Prozess der Hinwendung der *Saxones* zum christlichen Glauben und als bewusster Beitrag zur Beendigung der Kampfhandlungen zwischen Karl dem Großen und *Saxones*. Es ist nicht zu übersehen, dass hier «Imagepflege» betrieben wird: *Saxones* waren von Anbeginn an Alliierte der Franken und der Großvater von Waltbert ein vorausschauender Anführer, der die Seinen auf den Weg zu einem friedlichen und gottgefälligen Miteinander lenkte.

Wie sächsische Große des 9. Jahrhunderts die Angriffe Karls des Großen auf ihre Vorgänger und Vorfahren betrachtet haben, spiegelt sich auch in anderen Quellen. Hierzu gehört die wohl in den 870er Jahren verfasste *Vita Liutbirgae*, die Lebensbeschreibung der Liutbirga († 870). Sie lebte als Klausnerin im Kloster Wendhusen bei Thale am Harz. Diese monastische Gemeinschaft hatte Gisela gestiftet, eine Tochter jenes Hessi, der *omnes Austreleudi Saxones*, «alle östlichen Sachsen», anführte, die sich Karl dem Großen im Jahr 775 kampflos unterwarfen. Die erste Äbtissin in Wendhusen war Bilihild, Giselas verwitwete Tochter. In der *Vita Liutbirgae,* die vor Ort in Wendhusen, vielleicht aber auch in Halberstadt oder Fulda aufgeschrieben wurde, findet sich vor der eigentlichen Lebensbeschreibung der Klausnerin eine Geschichte der Stifterfamilie von Wendhusen. Hessi, der seinen Lebensabend im Kloster Fulda verbracht hatte, wird darin als einer der ranghöchsten und vornehmsten Vertreter des «edlen und mächtigen Volkes der Sachsen» beschrieben, das Karl der Große neben vielen anderen für den christlichen Glauben gewonnen hat, «teils durch Kriege, teils aufgrund seines Charakters sowie durch große Sorgfalt und Geschick». Außerdem wird festgestellt, dass Karl Hessi großer Ehren für würdig hielt, «weil er [Karl] ihn in allen Dingen für treu befunden hatte». Die Herkunft der *Saxones* spielt in diesem historischen Rückblick keine Rolle: Am Anfang dessen, was es zu erinnern galt, steht die Eingliederung der Stifterfamilie in die *ecclesia.*

Zwischen 887 und 892 entstand in der *Saxonia* sogar ein Text, der Karl den Großen zum Apostel der Sachsen stilisiert. Es handelt sich um ein Gedicht über das Leben und Wirken des Frankenherrschers mit fast dreitausend Versen. Auch diesem gewaltigen Werk liegen fränkische Annalen und Einhards *Vita Karoli Magni* zu Grunde. Sein Verfasser, der sich selbst als Sachse bezeichnet, ist namentlich leider unbekannt. Der sogenannte sächsische Dichter (*Poeta Saxo*), der in Corvey oder Paderborn verortet wird, sieht in Karl ein Instrument des göttlichen Willens: Der König habe die Sachsen nicht unterworfen, sondern aus ihrem Heidentum errettet. Es wird vermutet, dass der *Poeta Saxo* mit diesem Epos die Gunst des Frankenherrschers Arnulf von Kärnten († 899) für das Bistum Paderborn oder das Kloster Corvey erwirken wollte. Vielleicht hat er das Gedicht aber auch direkt im Auftrag dieses Königs verfasst. Arnulf war ein Ururenkel und Nachfolger von Karl dem Großen.

Mit dem Erzählen (oder Erzählenlassen) ihrer Konfrontation mit den Frankenkönigen betrieben sächsische Große im 9. Jahrhundert Vergangenheitsbewältigung. Sie deuteten Ereignisse und Entwicklungen zu ihrem zukünftigen Vorteil um, die für nicht Wenige Gefangenschaft, Vertreibung und Vernichtung gebracht und Überlebende traumatisiert hatten. Wikbert und sein Sohn Waltbert oder Hessi und seine Tochter Gisela waren Vertreter von Familien, die es verstanden hatten, aus den «Sachsenkriegen» Karls des Großen und ihren Folgen Gewinn zu ziehen: Wer rechtzeitig kooperierte, profitierte. Vor diesem Hintergrund wird die Elite des 9. Jahrhunderts in der *Saxonia* von einigen Historikern zu Recht als eine Schöpfung Karls des Großen beschrieben.

Die Stellinga. Die Nachkriegsgesellschaft des 9. Jahrhunderts in der *Saxonia* bestand aber nicht nur aus Gewinnern. Nach dem Tod Ludwigs des Frommen im Jahr 840 haben sich dessen erbberechtigte Söhne Ludwig II., Lothar I. und Karl («der Kahle») über die Aufteilung seines Herrschaftsgebietes gestritten. Unterstützt von Karl, beanspruchte Ludwig unter anderem auch die *Saxonia*, was ihm Lothar aber nicht zugestehen wollte. Von den sächsischen Großen soll sich ein Teil auf die Seite Ludwigs gestellt haben, andere schlossen sich Lothar an. Fränkischen Quellen zufolge haben sich außerdem sehr viele *Saxones* zusammengetan und für Lothar Partei ergriffen, die nicht der Oberschicht angehörten. Dieser Bund gab sich einen Namen: *Stellinga*. Die Bezeichnung könnte «Gefährten» oder «Genossen» bedeuten. Ludwig II. soll diese «Aufständischen» im Jahr 842 «in rühmlicher Weise» bezwungen haben, auch «unter Abhaltung eines blutigen Strafgerichts». Die Frage, wer genau sich zum Bund der *Stellinga* zusammengefunden hatte und warum, ist bis heute nicht befriedigend beantwortet. Vielleicht waren die *Stellinga* tatsächlich Angehörige der Unterschicht, Unfreie oder Sklaven und Freigelassene, denen Lothar Versprechungen gemacht hatte. Vielleicht waren sie aber auch einfach Bewohner einer bestimmten Region. Es könnten aber auch unzufriedene Angehörige der Oberschicht gewesen sein, die nicht von den neuen Verhältnissen profitieren konnten – in den Quellen lassen sich für alle Thesen Argumente finden. Dass sich die *Stellinga* ganz grundsätzlich gegen die Herrschaft der fränkischen Könige oder gegen das Christentum erhoben haben, wie auch behauptet wurde, ist sehr unwahrscheinlich.

Die Liudolfinger. Die überlieferten Namen von Angehörigen der sächsischen Oberschicht geben zu erkennen, dass in diesen Kreisen zahlreiche und sehr enge verwandtschaftliche Verbindungen zum fränkischen Adel bestanden, die in die Zeit vor den «Sachsenkriegen» zurückreichen dürften. Dass die Tochter des Sachsenführers Hessi Gisela hieß, gilt als Hinweis auf eine äußerst vornehme fränkische Abstammung ihrer Mutter: Der Name war in der Familie Karls des Großen sehr beliebt. Tatsächlich verfügte Hessis Ehefrau auch in linksheinischen Gebieten über Besitz. Wie der Historiker Helmut Beumann festgestellt hat, war «fränkische Versippung (...) im sächsischen Adel eher die Regel als die Ausnahme». Ein sehr prominentes Beispiel für eine ranghohe Familie der sächsischen Elite, die auch im biologischen Sinne zumindest anteilig als eine fränkische Schöpfung betrachtet werden kann, sind die sogenannten Liudolfinger. Benannt wird die Familie nach ihrem ersten namentlich bekannten Vertreter Liudolf († 866). Liudolf wirkte als *comes* («Graf») im Dienst des fränkischen Königs. Dass er in den Quellen häufig auch als *dux* bezeichnet wird, verweist auf militärische Aufgabenfelder: Neben der Wahrung von königlichen Gerichtsrechten oblag Liudolf auch das Anführen von Kampfverbänden zur Abwehr von einfallenden Normannen oder Slawen.

Liudolfs Familie verfügte über zahlreiche Güter, vor allem westlich, aber auch südlich des Harzes, im Eichsfeld und weite-

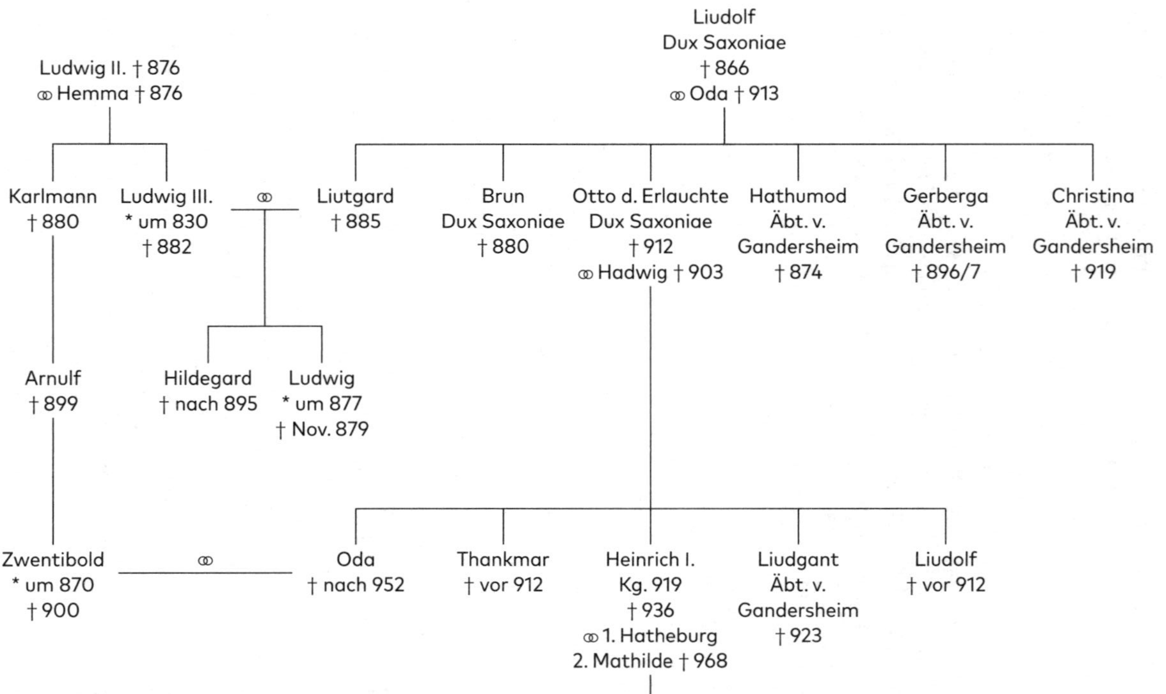
Ludwig II. † 876
⚭ Hemma † 876
Liudolf
Dux Saxoniae
† 866
⚭ Oda † 913
Karlmann
† 880
Ludwig III.
* um 830
† 882
⚭
Liutgard
† 885
Brun
Dux Saxoniae
† 880
Otto d. Erlauchte
Dux Saxoniae
† 912
⚭ Hadwig † 903
Hathumod
Äbt. v.
Gandersheim
† 874
Gerberga
Äbt. v.
Gandersheim
† 896/7
Christina
Äbt. v.
Gandersheim
† 919
Arnulf
† 899
Hildegard
† nach 895
Ludwig
* um 877
† Nov. 879
Zwentibold
* um 870
† 900
⚭
Oda
† nach 952
Thankmar
† vor 912
Heinrich I.
Kg. 919
† 936
⚭ 1. Hatheburg
2. Mathilde † 968
Liudgant
Äbt. v.
Gandersheim
† 923
Liudolf
† vor 912

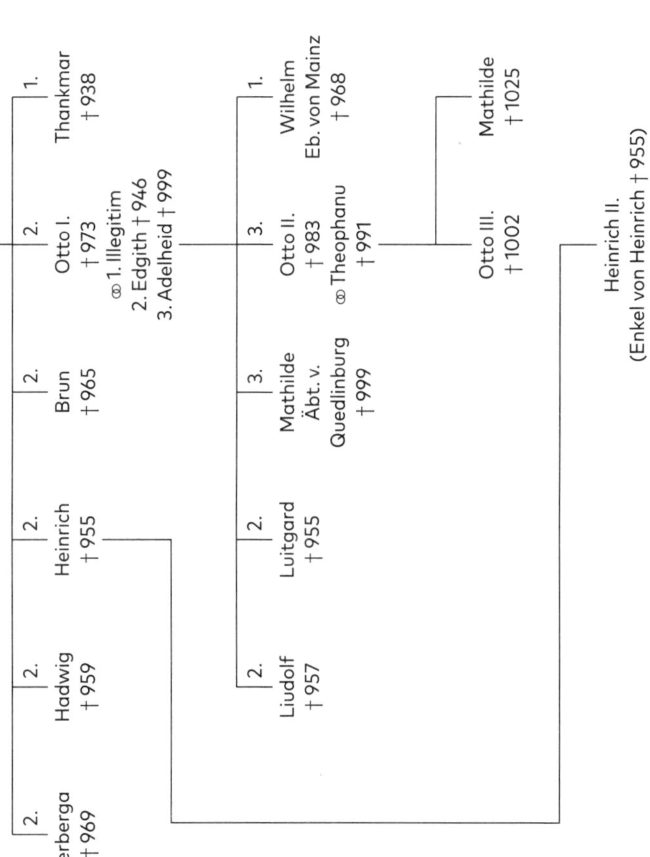
2. Gerberga † 969
2. Hadwig † 959
2. Heinrich † 955
2. Brun † 965
2. Otto I. † 973 ⚭ 1. Illegitim 2. Edgith † 946 3. Adelheid † 999
1. Thankmar † 938
2. Liudolf † 957
2. Luitgard † 955
3. Mathilde Äbt. v. Quedlinburg † 999
3. Otto II. † 983 ⚭ Theophanu † 991
1. Wilhelm Eb. von Mainz † 968
Otto III. † 1002
Mathilde † 1025
Heinrich II. (Enkel von Heinrich † 955) † 1024

ren Landstrichen Thüringens. Seine Frau Oda war fränkischer Herkunft. Ab 852 ließ das Paar in Brunshausen ein Kanonissenstift einrichten. Hieran sollen auch der Vater und der Großvater Liudolfs mitgewirkt haben. Liudolf und Oda hatten 845/846 persönlich in Rom um Reliquien für ihre Stiftung gebeten und von Papst Sergius II. unter anderem Gebeine der römischen Bischöfe bzw. Päpste Anastasius und Innozenz erhalten. Unterstützt hat sie dabei Ludwig II. In einem Vertrag, den Ludwig 843 in Verdun mit seinen Brüdern Lothar I. und Karl dem Kahlen geschlossen hatte, sind ihm alle rechtsrheinischen Gebiete inklusive der *Saxonia* zugestanden worden. Die erste Äbtissin des Konventes in Brunshausen wurde Liudolfs und Odas Tochter Hathumod. Sie ist schon als Kind im Kloster Herford auf diese Aufgabe vorbereitet worden und trat ihr Amt im Alter von 13 oder 14 Jahren an. Zu Beginn der 880er Jahre wurde das Stift von Brunshausen ins knapp zwei Kilometer entfernte Gandersheim verlegt. Dort folgten Hathumod († 874) ihre Schwestern Gerberga († 896/897) und Christina († 919) als Äbtissinnen nach. Vielleicht taten sie das nicht ganz freiwillig. Aber es war ein Privileg: Sie erhielten Zugang zu Bildung und Macht. Die Äbtissinnen wirkten, wie es die Historikerin Hedwig Röckelein ausgedrückt hat, «als verlängerter Arm der Familien in die Gesellschaft hinein».

Die fränkischen Könige haben Liudolf und seine Nachkommen nicht nur für willens und fähig erachtet, ihre Interessen verlässlich zu vertreten. Sie hielten sie auch familiär für «anschlussfähig». Einer der Söhne Liudolfs war mit einer fränkischen Adligen verheiratet, die als «Nichte des Königs» bezeichnet wird. Damit dürfte Hadwig gemeint sein, die Ehefrau von Liudolfs Sohn Otto. Als Liudolf 866 starb, trat zunächst Ottos Bruder Brun an seine Stelle; nach Bruns Tod 880 folgte ihm Otto nach. Eine Tochter Liudolfs und Odas namens Luitgard wurde mit Ludwig III. («der Jüngere») verheiratet, dem Sohn und Nachfolger Ludwigs II. Letzterer starb 876. Als Königin übergab Luitgard dem liudolfingischen Stift anlässlich des Umzugs nach Gandersheim eine überaus wertvolle Reliquie: einen Tropfen vom Blut Christi. Arnulf von Kärnten, ein Neffe Ludwigs III. und seit 887 König (Luitgards Ehemann war 882 ohne männlichen Nachkommen gestorben), stellte der Gemeinschaft einen Splitter vom Kreuz Christi zur Verfügung. Die Kanonissen verpflichtete dies zur Memoria an die königliche Verwandtschaft der Liudolfinger. Im sächsischen Gandersheim wurde jetzt für fünf fränkische König gebetet: für Ludwig II. († 876) und für seinen Bruder Karl («der Kahle», † 877), für Ludwig III. († 882), für seinen Bruder Karlmann († 880), den Vater von Arnulf, und schließlich für Arnulf selbst. Dieser starb 899 als römischer Kaiser. Otto, genannt «der Erlauchte» war damals zum Laienabt des Klosters Hersfeld bestellt. In dieser Position konnte er über den ausgedehnten Besitz der monastischen Gemeinschaft in Thüringen verfügen. Als Ehemann für seine Tochter Oda, die nach ihrer Großmutter benannt war, konnte er König Zwentibold von Lothringen gewinnen, einen Sohn Kaiser Arnulfs von Kärnten.

7. Könige aus der *Saxonia*

Im Jahr 900 ist das Herrschaftsgebiet Ludwigs II. († 876, später «der Deutsche» genannt) und seiner Nachfolger an Ludwig IV. gefallen. Ludwig IV. (genannt «das Kind») starb schon 911, mit gerade einmal 18 Jahren. 912 wählten die Großen im später sogenannten Ostfrankenreich einen Mann aus dem fränkischen Geschlecht der Konradiner zu ihrem König. Konrad («der Jüngere») war der erste Fürst in dieser Position, der nicht der Familie Karls des Großen angehörte. In diesem Jahr ist auch Otto der Erlauchte gestorben. Seine Nachfolge auch als *dux* trat sein dritter Sohn Heinrich an; zwei ältere Brüder Heinrichs, Liudolf und Thankmar, waren nicht mehr am Leben. Heinrich war nach dem Vater seiner fränkischen Mutter Hadwig benannt worden. Ottos Sohn war damals in zweiter Ehe mit einer sächsischen Adligen namens Mathilde verheiratet. Sie entstammte der Familie des Widukind, «einst die Seele des Widerstands der Sachsen gegen Karl den Großen», wie es der Historiker Matthias Becher ausgedrückt hat. Die Verbindung mit einer ersten Ehefrau, Hatheburg, die ihm Zugriff auf ertragreiche Güter ihrer Familie im Raum Merseburg verschaffte, hatte Heinrich gelöst. Der Liudolfinger war ein Gegner von König Konrad. Als dieser 918 starb, ohne Söhne zu hinterlassen, war der ostfränkische Thron wieder vakant. Jetzt wählten fränkische und sächsische Große Heinrich zu ihrem König. Damit hatte ein Enkel von Liudolf und Oda königliche Würde erlangt – und mit seiner Frau Mathilde auch eine Nachfahrin Widukinds.

In der *Alemannia* und in Bayern dominierten damals sich unabhängig gebärdende Herzöge, die zunehmend wie Vizekönige agierten. Mit Kompromissbereitschaft, dem Verzicht auf bestimmte Vorrechte und der geschickten Besetzung von Ämtern erreichte Heinrich, dass auch sie seine Oberherrschaft anerkannten. 925 war es ihm außerdem gelungen, die Fürsten in Lothringen seiner Herrschaft zu unterstellen. Dieses Gebiet unterstand seit 870 Ludwig II., aber die Fürsten hatten sich seit 911 dem westfränkischen König angeschlossen. Erfolgreich war auch Heinrichs Strategie zur Beendigung der Einfälle von Ungarn in das Ostfrankenreich. Nach einem Kampf im Jahr 926 konnte er sie neun Jahre lang mit Tributzahlungen fernhalten. Möglicherweise ließ er in dieser Zeit Burgen bauen. Und vielleicht hat er seine Kampfverbände vergrößern können: Als die Ungarn 933 zurückkehrten, weil Heinrich den Tribut nicht mehr zahlte, sollen sie bei Riade an der Unstrut beim Anblick von Heinrichs Heer geflohen sein. Heinrich unterwarf in diesen Jahren zudem verschiedene slawische Gruppen an der Elbe und zwang böhmische Fürsten zur Entrichtung von Tributen.

Am 2. Juli 936 ist Heinrich gestorben. König wurde jetzt sein Sohn Otto. Er war das Kind von Heinrichs zweiter Ehefrau Mathilde. Seine Erhebung wurde in Lothringen in Szene gesetzt, in der Pfalz Karls des Großen in Aachen. Ottos Brüder Brun und Heinrich sowie ihr Halbbruder Thankmar gingen damals leer aus: Anders als zuvor bei den fränkischen Thronfolgen üblich, wurde das Herrschaftsgebiet des Vaters nicht aufgeteilt. Heinrich hat sich damit nicht zufriedengegeben. Er und andere einflussreiche Große im Ostfrankenreich widersetzten sich Ottos alleinigem Führungsanspruch. Sie fühlten sich gedemütigt. Otto zwang sie mit Gewalt zur Unterordnung, und auch Heinrich hat sich schließlich 941 seinem Bruder unterworfen. Der

König würdigte das, indem er Heinrich die Verfügungsgewalt über das Herzogtum Bayern überließ. Aufs Neue vorgedrungene Ungarn wurden von Otto im Jahr 955 auf dem Lechfeld bei Augsburg so vernichtend geschlagen, dass es danach nicht mehr zu ungarischen Vorstößen in das Ostfrankenreich gekommen ist.

Otto war in einer ersten Ehe mit Editha verheiratet, der Tochter eines angelsächsischen Königs. Sie ist schon 946 gestorben. In zweiter Ehe vermählte er sich mit Adelheid, der Witwe des Königs von Italien. 962 hat Papst Johannes XII. Otto in Rom zum Kaiser gekrönt. Dies war eine Gegenleistung dafür, dass der König dem Bischof von Rom im Streit mit König Berengar zur Seite gestanden hatte, dem Nachfolger des ersten königlichen Gemahls von Adelheid. Als Kaiser konnte Otto seine Pläne verwirklichen, in Magdeburg ein Erzbistum zu gründen. Gelungen ist ihm dies aber erst nach dem Tod des Erzbischofs Wilhelm von Mainz im Jahr 968. Dieser hatte sich wie auch der Halberstädter Bischof und andere Große Ottos Vorhaben entgegengestellt. Wilhelms Konflikt mit Otto war ein Machtkampf zwischen Vater und Sohn: Der Erzbischof von Mainz war ein Sohn Ottos aus einer frühen unehelichen Verbindung mit der Tochter eines slawischen Fürsten, der in Brandenburg ansässig war. Otto hatte bereits 937 in Magdeburg das Kloster St. Mauritius gegründet. Als Sitz eines Erzbischofs sollte der Ort Stützpunkt für die Mission in den slawischen Gebieten rechts der Elbe bis hin zur Oder sein.

Schon vor seiner Eheschließung mit Adelheid hatte Otto seinen Sohn Liudolf aus der Ehe mit Editha zu seinem dereinstigen Nachfolger bestimmt. Weil Liudolf befürchtete, dass dieses Vorrecht von Söhnen Adelheids angefochten werden würde, organisierte er mit zahlreichen Gegnern Ottos einen Aufstand gegen seinen Vater. 954 hatte er sich aber eines Besseren besonnen und unterwarf sich dem König. Otto gestand seinem Sohn die Thronfolge weiterhin zu, doch Liudolf verstarb drei Jahr später auf einem Feldzug. Damit erreichte tatsächlich ein Kind der Adelheid königlichen Rang: Ihr Sohn Otto (II.) wurde 961 im Alter von sechs Jahren zum Mitkönig Ottos gewählt und gesalbt. Seine Thronfolge war damit abgesichert. Otto (I.), der mit dem byzantinischen Kaiser bzw. um dessen Herrschaftsansprüche in Italien rivalisierte, ließ seinen gleichnamigen Sohn 967 auch zum Mitkaiser krönen. Schließlich erwirkte er sogar dessen Vermählung mit einer Angehörigen des byzantinischen Kaiserhauses: 972 wurde in Rom zwischen Otto II. und Theophanu, einer Nichte des byzantinischen Kaisers Johannes, die Ehe geschlossen. Die Kaiserwürde Ottos I. war jetzt auch in Byzanz anerkannt.

Otto I. hatte sich zwischen 962 bis 972 fast ununterbrochen in Italien aufgehalten. In der *Saxonia* ließ er sich in dieser Zeit von einem sächsischen Adeligen namens Hermann vertreten. Hermann war wie Ottos Mutter Mathilde ein Nachfahre des Widukind. Sein Familienzweig firmiert in der Forschung als «die Billunger», weil Hermanns Vater angeblich den Namen Billing oder Billung trug. Schon 936 hatte Otto I. den «Hermann Billung», wie er heute oft genannt wird, zum *princeps milites* («militärischer Oberbefehlshaber») ernannt. De facto war Hermann damit in der *Saxonia* nach Otto der mächtigste Mann. In den Quellen wird er auch als *comes* oder *dux* bezeichnet. Welchen Rang er im Verhältnis zu den übrigen Großen in Sachsen einnahm, geht aus der Überlieferung aber nicht klar hervor. Ob und ab wann Hermann in ihrem Kreis mehr war als ein Erster unter Gleichen, ob und ab wann und mit welchen Befugnissen er den König gegenüber den anderen Großen vertrat oder diese gegenüber dem König, wird in der Forschung bis heute kontrovers und ohne eindeutiges Ergebnis diskutiert. Fest steht aber, das Hermann Otto herausgefordert hat: 972, im Jahr der Eheschließung von Otto II. und Theophanu, maßte er sich gar dessen Rang an – und schlief in Magdeburg im Bett des Königs. Zuvor hatte sich Hermann dort von Erzbischof Adalbert mit dem König gebührenden Ehren empfangen lassen. Otto soll allerdings den Adalbert für diese Provokation belangt haben und nicht seinen *princeps milites*. 973 starben Hermann und Otto, vielleicht als Rivalen, Otto aber auf jeden Fall als erster Kaiser aus dem Geschlecht der Liudolfinger.

Wie ihre Vorgänger auf dem ostfränkischen Thron waren

Heinrich I. und Otto I. «Reisekönige» ohne feste Residenzen. Das Land rund um den Harz, in dem die Liudolfinger reich begütert waren, wurde damals zu einem Zentrum der ostfränkischen Königsherrschaft. Ihre hier gelegenen Höfe gehörten zu Heinrichs und Ottos bevorzugten Aufenthaltsorten. Beide sind dort auch gestorben, in der Pfalz Memleben an der Unstrut im südöstlichen Vorland des Harzes. Trotzdem wurden sie nicht im Stift der Familie in Gandersheim westlich des Harzes bestattet: Heinrichs Leichnam wurde 936 nach Quedlinburg am nördlichen Harzrand überführt, was er selbst so entschieden hatte. Seine Witwe Mathilde und Otto I. ließen dort ein Stift einrichten. Otto I. hingegen wurde in Magdeburg an der Elbe in der Kathedrale des von ihm gegründeten Erzbistums beigesetzt. Dort befand sich bereits die Grabstätte seiner ersten Frau Editha.

8. Die Sachsengeschichte des Widukind von Corvey

Noch zu Lebzeiten Ottos I. entstand im Kloster Corvey ein detaillierter Bericht über sein Wirken und den Aufstieg seiner Familie bzw. seines Vaters Heinrich zur Königswürde. Verfasst hat dieses Werk ein Mönch namens Widukind. Mit größter Wahrscheinlichkeit gehörte dieser Widukind zur Nachkommenschaft der Familie seines Namensvetters Widukind, dem alten Widersacher Karls des Großen – so wie Mathilde, die Mutter Ottos I., und wie Ottos Weggefährte Hermann, der «Billunger». Der Mönch Widukind war der monastischen Gemeinschaft in Corvey in den 940er Jahren beigetreten und hochgebildet. Mit der in Corvey reichlich vorhandenen klassischen Literatur war er bestens vertraut. Widukind gab seinem Bericht den Titel *Rerum gestarum Saxonicarum libri tres*. Gewidmet hat er diese «Sachsengeschichte» Mathilde, einer Tochter Ottos I. Diese «jüngere» Mathilde wurde 966 im Alter von elf Jahren zur Äbtissin des Stiftes Quedlinburg bestimmt, das ihr Vater und dessen Mutter, die «ältere» Mathilde, am Grab Heinrichs I. begründet hatten. Widukind von Corvey hatte seine Schrift zunächst aus anderen Gründen begonnen – für wen oder warum ist nicht bekannt –, aber für Mathilde hat er sie noch einmal überarbeitet. Später ergänzte er sie um das Geschehen bis zum Tod Ottos des Großen im Jahr 973.

Ottos Vater Heinrich beschreibt Widukind als den «größten unter den Königen Europas» und behauptet, dass König Konrad der Jüngere selbst noch kurz vor seinem Tod den Sachsen als zukünftigen König empfohlen habe. Auffallend viel Platz räumt der Mönch in seiner «Sachsengeschichte» der Schilderung der zahlreichen Konflikte ein, in die sich Otto I. mit anderen Fürsten verwickelte. Im Urteil der Forschung übt Widukind dabei zwischen den Zeilen immer wieder diskret Kritik an Ottos Entscheidungen und politischen Gewichtungen. In seiner Darstellung scheint sich die damalige Bewertung der Politik des Liudolfingers durch die einflussreiche Nachkommenschaft des «älteren» Widukind zu spiegeln. Vielleicht hat Widukind die der Mathilde zugeeignete Version seines Textes als eine Art politisches Handbuch für Ottos Tochter konzipiert: Zur Zeit der langen Aufenthalte des Kaisers in Italien war sie über Jahre die ranghöchste Repräsentantin des liudolfingischen Königtums nördlich der Alpen – und trug damit auch die Verantwortung für einen friedenstiftenden Interessensausgleich zwischen ihrer Familie und den anderen Großen in der *Saxonia*.

Als Auftakt seines Werkes fasst Widukind für Mathilde zunächst zusammen, was es aus seiner Sicht über die Vorfahren ihres Vaters und Großvaters zu wissen galt – auch mit dem erklärten Ziel, seine junge Leserin zu ergötzen und «ihre Muße zu erfreuen». Über deren Ursprünge gebe es «unterschiedliche Ansichten vieler Menschen», wie er schreibt: Die Sachsen könnten Nachfahren von Dänen und Normannen sein, vielleicht aber auch Reste des makedonischen Heeres, das Alexander dem Großen gefolgt war. Gewissheit könne darüber allerdings nicht herrschen, denn alles werde durch «die allzu ferne Zeit verdunkelt». «Sicher aber wissen wir», so fährt Widukind (hier in der Übersetzung durch Ekkehart Rotter und Bernd Schneidmüller) nach dieser Einschränkung fort, «dass die Sachsen mit Schiffen in diese Gegenden gekommen und zuerst an dem Ort gelandet sind, der bis heute Hadeln [*Hadulaun*] genannt wird. Aber die

Einwohner, angeblich Thüringer, ließen sich ihre Ankunft nicht gefallen und erhoben ihre Waffen gegen sie. Die Sachsen hingegen leisteten kräftigen Widerstand und behaupteten den Hafen. Als sie nun lange gegeneinander gekämpft hatten und viele hier und dort gefallen waren, beschlossen beide Seiten, Friedensverhandlungen einzuleiten und einen Vertrag zu schließen. Der Vertrag wurde unter der Bedingung geschlossen, dass die Sachsen kaufen und verkaufen dürften, sich jedoch der Ländereien enthalten und von Mord und Räubereien absehen sollten. Dieser Vertrag bestand viele Tage hindurch unverletzt. Als aber den Sachsen das Geld ausging und sie nichts mehr zu kaufen und zu verkaufen hatten, meinten sie, der Friede sei nutzlos für sie. Nun traf es sich damals, dass ein junger Mann, beladen mit viel Gold, einer goldenen Kette und goldenen Spangen, die Schiffe verließ. Ihm begegnete ein Thüringer und sagte: ‹Wozu hast du eine solche Menge Gold um deinen abgezehrten Hals?› – ‹Ich suche einen Käufer›, erwiderte jener, ‹zu keinem anderen Zweck trage ich dieses Gold; denn wie soll ich mich, während ich vor Hunger sterbe, am Gold erfreuen?› Darauf fragte der andere, was und wie hoch der Preis sei. ‹Der Preis›, sagte der Sachse, ‹kümmert mich nicht. Was du geben willst, nehme ich dankbar an.› – ‹Wie ist es›, sagte jener höhnisch zu dem jungen Mann, ‹wenn ich mit diesem Staub dein Kleid fülle?› Gerade an dieser Stelle lag nämlich ein großer Erdhaufen ausgehoben. Sogleich öffnete der Sachse sein Gewand, erhielt die Erde und übergab auf der Stelle dem Thüringer das Gold. Beide eilten fröhlich zu ihren Leuten zurück. Die Thüringer erhoben den Thüringer mit Lobsprüchen in den Himmel, dass er den Sachsen mit einer so edlen Gaunerei betrogen habe und wie glücklich er vor allen Menschen sei, da er für einen Spottpreis in den Besitz einer solchen Menge Gold gekommen sei. Ihres Sieges im Übrigen gewiss, triumphierten sie sozusagen schon über die Sachsen. Mittlerweile näherte sich der Sachse ohne sein Gold, jedoch schwer mit Erde beladen, den Schiffen. Als ihm seine Gefährten nun entgegenkamen und sich wunderten, was er denn mache, fing ein Teil seiner Freunde an, ihn auszulachen; andere machten ihm Vorwürfe, alle aber stimmten überein, dass er verrückt sei. Doch dieser forderte Ruhe und sagte: ‹Folgt mir, meine guten Sachsen, und ihr werdet euch überzeugen, dass meine Verrücktheit euch von Nutzen ist.› Sie waren zwar ungläubig, doch folgten ihm nach. Er aber nahm die Erde, streute sie so dünn wie möglich über die benachbarten Felder aus und besetzte einen Lagerplatz. Als aber die Thüringer das Lager der Sachsen sahen, fanden sie diese Tatsache unerträglich. Sie schickten Gesandte und beschwerten sich, dass von den Sachsen der Friede gebrochen und der Vertrag verletzt sei. Die Sachsen antworteten, sie hätten bisher den Vertrag unverbrüchlich eingehalten. Das für ihr eigenes Gold erworbene Land wollten sie in Frieden behaupten oder aber auf jeden Fall mit den Waffen verteidigen. Hierauf verwünschten die Anwohner das sächsische Gold und erklärten denjenigen, den sie kurz vorher glücklich gepriesen hatten, zum Urheber des Unheils für sie und ihr Land. Dann stürmten sie zornentbrannt und voll blinder Wut ohne Ordnung und Plan auf das Lager los. Die Sachsen hingegen empfingen die Feinde gut vorbereitet, warfen sie nieder und nahmen nach glücklichem Kampfausgang nach Kriegsrecht von der nächsten Umgebung Besitz. Als nun beiderseits sehr lange gekämpft worden war und die Thüringer erkannten, dass die Sachsen ihnen überlegen waren, forderten sie durch Unterhändler, dass beide Teile unbewaffnet zusammenkommen und erneut über den Frieden verhandeln sollten; und sie bestimmten Ort und Tag. Die Sachsen antworteten, sie würden dem Wunsch nachkommen. Nun waren damals bei den Sachsen große Messer üblich, wie sie die Angeln nach altem Stammesbrauch bis heute tragen. Damit unter den Kleidern bewaffnet, zogen die Sachsen aus ihrem Lager und gingen den Thüringern zum festgesetzten Ort entgegen. Da sie sahen, dass die Feinde unbewaffnet und alle Fürsten der Thüringer anwesend waren, hielten sie den Zeitpunkt für günstig, sich der ganzen Gegend zu bemächtigen, zogen ihre Messer hervor, stürzten sich auf die Wehrlosen und Überraschten und stießen alle nieder, so dass nicht einer von ihnen überlebte. Damit fingen die Sachsen an, bekannt zu werden und den benachbarten Stämmen einen gewaltigen Schrecken einzujagen.»

Widukind hält fest, dass er bei seinen Ausführungen «über Ursprung und Zustand des Stammes (...) fast ausschließlich der Sage» folge. Tatsächlich besteht aber kein Zweifel daran, dass der wüsten Geschichte jene Erzählung vom Ursprung der Sachsen zu Grunde liegt, die der Mönch Rudolf von Fulda rund 100 Jahre zuvor für seinen Bericht über die Überführung des Kopfes des Heiligen Alexanders nach Wildeshausen verfasst hatte. Der Bericht war im Auftrag Waltberts, eines Enkels des «älteren» Widukinds, entstanden. In Widukinds Version dieser Ursprungserzählung erscheinen wie bei Rudolf Thüringer als Gegner der Sachsen. Aber Widukind modifizierte den Sachverhalt: Während bei Rudolf die Sachsen nach ihrer Ankunft dem Frankenkönig Theuderich († 533) dabei halfen, die Thüringer zu unterwerfen, überwältigen bei Widukind die Sachsen zunächst im Alleingang Thüringer, die am Ort ihrer Ankunft ansässig waren. Erst im darauffolgenden Kapitel beschreibt er, wie es zur Unterstützung des Theuderich durch die Sachsen gekommen ist: Widukind lässt den Frankenkönig die Sachsen in ihrer Eigenschaft als «grimmigste» Feinde der Thüringer herbeirufen, um ihm bei der Eroberung einer Burg der Thüringer an der Unstrut zu helfen.

Es wirkt befremdlich, dass sich Widukind von Corvey nicht daran gestört zu haben scheint, dass seine Vorfahren und die der jungen Äbtissin Mathilde mit einem billigen Trick Land geraubt, dessen Eigentümer arglistig getäuscht und am Ende allesamt heimtückisch ermordet haben sollen. Der Mönch sah darin womöglich vor allem eine plausible Erklärung für die Entstehung ihres Namens: Einige hätten behauptet, so schreibt er zum Abschluss seiner Ursprungserzählung, dass sie, die Sachsen, «von dieser Tat ihren Namen bekommen hätten, denn Messer heißen in unserer Sprache Sachs. Sie seien darum Sachsen genannt worden, weil sie mit ihren Messern eine solche Menge Menschen niedergehauen hätten». Der Begriff «Sachs» bzw. *sahs* findet sich in fast allen germanischen Sprachen zur Bezeichnung von Messern und Widukinds Ableitung des Sachsennamens im Sinne von «Messermänner» ist aus moderner sprachkundlicher Sicht nachvollziehbar. Für messerartige Waffen scheint der Begriff erst in spätantiker Zeit bezeugt zu sein, was ein Hinweis darauf sein könnte, dass auch der Personengruppenname *Saxones* erst damals entstand.

Eine andere Herleitung des Sachsennamens legt ein sehr viel älterer Text nahe: In den Schriften des Isidor von Sevilla († 636) findet sich die Feststellung, dass *Saxones* deshalb so genannt würden, weil «sie ein harter und starker Menschenschlag seien», der alle anderen «Piraten» überträfe. Dieser Autor hat offenbar eine etymologische Verbindung zwischen *Saxones/Saxo* und *saxum*, dem lateinischen Wort für «Fels», gesehen.

9. Volkssprachliche Denkmäler

Widukind von Corvey hat seine «Sachsengeschichte» auf Latein verfasst. Wenn er bei seiner Herleitung des Sachsennamens von «unserer» Sprache spricht, meint er die von den Bewohnern seiner Heimat gesprochene Sprache. Als ältester bekannter Text, der mit Wörtern dieser Volkssprache aufgeschrieben wurde, gilt das weiter oben (Kapitel II.5) schon erwähnte Taufgelöbnis vom Ende des 8. Jahrhunderts. Das Gelöbnis wurde in einer fränkischen «Schreibstätte» abgefasst und schriftlich fixiert. Wo genau, ist aber nicht sicher – vermutlich in Mainz, im Kloster Fulda oder im Kloster Hersfeld. Die Sprache, die dieser Text dokumentiert, ist von der Sprachwissenschaft lange als «altsächsisch» bezeichnet worden. Wie ihre Sprecher sie genannt haben, ist nicht überliefert. Die moderne Forschung bevorzugt den Begriff «altniederdeutsch».

Mit der Einführung der Schriftlichkeit ab dem 9. Jahrhundert sind dann auch in der *Saxonia* Texte mit Wörtern dieser Sprache entstanden. Allerdings haben davon nur sehr wenige die Zeiten überdauert. Zu den ältesten gehören die natürlich auch auf Latein verfassten Urkunden des Klosters Werden an der Ruhr, in denen sich aber sehr viele altniederdeutsche Namen finden. Im 9. Jahrhundert entstand außerdem der «Heliand», eine umfangreiche Erzählung des Lebens Jesu in rund 6000 Stabreimversen und zur Gänze volkssprachlich. Er ist in mehreren, nicht immer vollständigen Handschriften überliefert. Eine davon könnte im Kloster Corvey angefertigt worden sein. Die umfangreichste Handschrift des «Heliand» besteht aus rund 46 000 Einzelwörtern und ist damit das größte Denkmal des Altniederdeutschen. Die Schrift, in der die Texte niedergeschrieben wurden, gibt zu erkennen, dass unter ihren Verfassern sowohl in fränkischen Klöstern als auch in monastischen Gemeinschaften in England ausgebildete Schreiber waren. In verschiedenen Handschriften des 10., 11. und 12. Jahrhunderts, die das Altniederdeutsche vor allem mit weiterem Namenmaterial oder mit Glossen (erläuternde Textanmerkungen) überliefern, lässt sich verfolgen, wie sich die Sprache weiterentwickelt hat. Bemerkenswert viele dieser Texte sind aus monastischen Gemeinschaften von Frauen überliefert, was für diese Zeit ungewöhnlich ist.

Wo Altniederdeutsch gesprochen wurde, lässt sich nur sehr grob umreißen. Gut greifbare Grenzgebiete der Verbreitung gibt es nur Richtung Osten und Süden: Jenseits von Elbe und Saale wurden slawische Sprachen gesprochen und jenseits einer Linie, die die Sprachwissenschaft vom Rhein zwischen Düsseldorf und Köln über den Raum Kassel bis zur Elbe zwischen Magdeburg und Wittenberg zieht, sprach man Althochdeutsch. Richtung Norden lässt sich keine Verbreitungsgrenze fassen, weil aus dieser Zeit keine Überlieferungen zur dänischen Sprache existieren. Richtung Nordwesten sind sprachliche Unterschiede zum Friesischen greifbar und deutliche Unterschiede bestehen auch Richtung Westen zum Altniederfränkischen bzw. Altniederländischen, aber geographisch definierbare Grenz- oder Übergangsgebiete hierzu bilden sich in den Quellen nicht ab.

Die Frage, wie sich das Altniederdeutsche, so wie es mit den Texten des 8. und 9. Jahrhunderts verschriftlicht überliefert ist, herausgebildet hat, beschäftigt Sprachwissenschaftler schon lange. Das Hauptproblem, vor dem die Forschung dabei steht, ist der Mangel an älteren Quellen. Die einzigen Überlieferungsträger zu den Sprachen oder Dialekten, die früher im Verbreitungsgebiet des Altniederdeutschen gesprochen wurden, sind eine Reihe von archäologischen Funden, die kurze eingeritzte Runeninschriften tragen. Ob die Inschriften von am Fundort der Objekte ansässigen Menschen aufgebracht wurden, muss offenbleiben. Die Runenschrift wurde wahrscheinlich in den Jahrhunderten um Christi Geburt im westlichen Ostseeraum entwickelt, wohl auf der Grundlage des lateinischen Alphabetes und von «einem oder mehreren ‹Intellektuellen› als Kommunikationsmittel zu profaner, aber auch sakraler und magischer Verwendung», wie es der Runenspezialist Klaus Düwel ausgedrückt hat. Was sich aus diesen Sprachdenkmälern erschließen lässt, wird immer wieder neu debattiert. Folgt man dem Linguisten Ludwig Rübekeil, dann haben die mit Runen verschriftlichten Wörter aus dem später altniederdeutschen Sprachraum keinen eindeutig altniederdeutschen Charakter. In ihrer Gesamtheit zeigt die Runenüberlieferung aber, dass alle damaligen Sprachen rund um die südliche Nordsee, das Altenglische und das Altfriesische eine gemeinsame westgermanische Wurzel haben. Das gilt auch für das Altniederdeutsche. Es erscheint als Übergangsvarietät zwischen nördlichem Westgermanisch (Altenglisch und Altfriesisch) und südlichem Westgermanisch (Althochdeutsch), indem es mit beiden dialektalen Polen einige Gemeinsamkeiten teilt, sich von beiden aber auch in vielem abhebt.

III. Warum nicht alle Sachsen Sachsen sein müssen

Die aus dem 1. Jahrtausend überlieferten Texte, in denen von *Saxones* die Rede ist, stammen aus der Hand vieler verschiedener Autoren. Sie haben ihre Schriften zu verschiedenen Zeiten, an verschiedenen Ort und aus den verschiedensten Gründen verfasst. Bis etwa zur Mitte des 20. Jahrhunderts galt es als ausgemachte Sache, dass alle Träger des Namens *Saxones*, die in diesen in jeder Hinsicht diversen Quellen auftauchen, Angehörige einer einzigen Ethnie waren. Die Grundlage dafür hat das 19. Jahrhundert geschaffen. Damals war man in gelehrten Kreisen zu der Überzeugung gelangt, dass zwischen all diesen *Saxones* ein Abstammungszusammenhang bestanden haben muss. Und zwar aus einem einfachen Grund: Wenn Karl der Große im 8. Jahrhundert vom Rhein bis zur Elbe hin und in der nördlichen Randzone der Mittelgebirge seine legendären «Sachsenkriege» führt, die damalige Einwohnerschaft dieses großen Gebietes also mit demselben Namen bezeichnet wurde, wie die Bewohner eines Gebietes nördlich der unteren Elbe in der «Geographie» des Ptolemäus aus dem 2. Jahrhundert – dann müssen die «Ptolemäischen Sachsen» nicht nur irgendwann zur britischen Hauptinsel aufgebrochen sein, sondern auch auf dem Kontinent expandiert haben. Wie sonst hätte sich der Sachsenname dort so weit ausbreiten können?

Ausgehend von diesem Postulat wurde eine «Ethnogenese» der frühmittelalterlichen Sachsen rekonstruiert: Alle Träger des Sachsennamens, die in der Überlieferung des 1. Jahrtausends erscheinen, gehörten zu einem alten germanischen Volksstamm, der seine «Urheimat» im 2. Jahrhundert nördlich der Niederelbe hatte. Von dort aus okkupierte er zunächst das Elbe-Weser-Dreieck und nahm dann von hier aus ab dem 3. Jahrhundert nach und nach die norddeutsche Tiefebene zwischen Rhein und

Elbe sowie die angrenzende nördliche Mittelgebirgszone in Besitz. Außerdem eroberte der Stamm im 5. Jahrhundert Land im Süden der britischen Hauptinsel. Während sich die dortige Bevölkerung unterwarf, schlossen sich alteingesessene Gruppen auf dem Kontinent den Eroberern an, um mit ihnen einen sächsischen «Stammesverband» zu bilden. In diesem seien die Chauken, Cherusker, Dulgubnier, Angrivarier und andere mehr aufgegangen. Das waren in der nachmaligen *Saxonia* zu lokalisierende germanische Gruppen, die in der «Germania» des Tacitus aus dem 1. Jahrhundert genannt werden, aber danach aus der Überlieferung verschwunden sind. Der so entstandene sächsische «Großstamm» widersetzte sich vom 6. bis 8. Jahrhundert dem Herrschaftsanspruch der Frankenkönige. Nach einer Episode der Unterwerfung infolge der «Sachsenkriege» Karls des Großen erklomm der Sachsenstamm schließlich im 10. Jahrhundert in der Person Heinrichs I. und Ottos I. den Thron des Ostfrankenreiches.

Dass auch ohne Wanderungsbewegungen verschiedene Gruppen den gleichen Namen tragen und *Saxones* als solche bezeichnet werden können, ohne von anderen Sachsen abstammen zu müssen, wurde nicht in Betracht gezogen. Dabei ist es gerade das Beispiel des Sachsennamens, das anschaulich belegt, dass es dafür noch andere Gründe geben kann: Die Bewohner des heutigen Bundeslandes Sachsen und des vormaligen Königreichs Sachsen heißen nämlich nur aufgrund einer dynastischen Namensübertragung so, und nicht weil Teile der Einwohnerschaft der frühmittelalterlichen *Saxonia* irgendwann dorthin ausgewandert sind (vgl. Kapitel VI.). Auch die Siebenbürger Sachsen sind keine Sachsen im heutigen Sinne: Die Vorfahren dieser deutschen Minderheit in Rumänien waren im 12. und 13. Jahrhundert vor allem aus Luxemburg und aus dem Rhein-Mosel-Gebiet ins damalige Königreich Ungarn übergesiedelt. Aber wie alle Leute aus dem Westen wurden sie dort als «Sachsen» bezeichnet und haben als Minderheitenkollektiv diesen Namen schließlich für sich selbst übernommen. Und wenn wie in der finnischen und der estnischen Sprache Deutsche Sachsen («Saksalaiset», «Sakslased») genannt werden, zieht daraus niemand den Schluss, dass Sachsen irgendwann das gesamte heutige Deutschland erobert und besiedelt hätten.

Ein «frühes Volk»? Die These von der Expansion eines sächsischen Volkes im 1. Jahrtausend entstand als Teil einer größeren historischen Erzählung, nämlich der von der Zeit der «Völkerwanderung» in Europa. Sie betrachtet die germanischen *gentes*, die die Schriftquellen aus dem 1. Jahrtausend nennen, also etwa Franken, Goten, Vandalen, Alamannen oder eben auch Sachsen, als «frühe Völker» Europas, die in der Spätantike durch ihre überlieferten Wanderungen und Eroberungszüge zunächst zum Untergang des Römischen Reiches beitrugen und dann mit ihren Landnahmen die Ausgangsbasis für eine ethnische Grundstruktur des Kontinents im frühen Mittelalter schufen. Beide Narrative sind aber mittlerweile schon selbst zum Gegenstand historischer Forschung geworden: Aus heutiger Sicht gelten sie als völkisch-romantische Wunschszenarien von Gelehrten des 19. Jahrhunderts, die eine Neuordnung Europas mit ethnisch, sprachlich und kulturell möglichst homogenen Nationalstaaten befürworteten. Ihre Darstellung von Völkern «als handelnden, überzeitlich existenten Einheiten» widerspricht, wie der Althistoriker Mischa Meier festgehalten hat, «jeglichem empirischen Befund» – denn Völker sind im Gegenteil «höchst instabile Gebilde, die sich permanent verändern, vorwiegend durch politische Klammern bestimmt werden und deren Zusammenhalt auf komplexen Identitätsbildungsprozessen beruht. Das war in der Antike nicht anders.»

Die These von der kontinentalen Expansion eines Sachsenvolkes und der Herausbildung eines sächsischen Stammesbunds oder «Großstammes» überzeugt aber auch aus einem anderen Grund nicht: Entspräche das den Tatsachen, dann wären *Saxones* die einzige antike *gens* aus dem germanischen *Barbaricum*, die ohne die Initiative einer zentralen Führungsfigur zielgerichtet Eroberungen vorangetrieben und Herrschaft an sich gerissen hätte. Tatsächlich kennt die schriftliche Überlieferung zur «Völkerwanderungszeit» keinen sächsischen König auf dem Kontinent – aber sie kennt eben auch keinen Fall, in dem es etwas anderes als ein solcher Herrscher war, der Eroberungen tätigt. Ein über Jahrhunderte und etliche Generationen hinweg landnehmendes Sachsenvolk ist also ein gelehrtes Konstrukt, für das sich keine Beweise erbringen lassen.

Im Urteil der modernen Geschichtsforschung hängt die Vorstellung davon, wer oder was *Saxones* im 1. Jahrtausend sind und tun, wesentlich vom historischen Standort und den Darstellungsabsichten derjenigen ab, die über sie berichten. Im 1. Jahrtausend ist das eine sehr kleine Gruppe von Menschen: Hochgebildete und schriftkundige Angehörige der Oberschicht, die als Gelehrte fast immer in nächster Nähe zu weltlichen und geistlichen Herrschern wirken und das nicht selten auch in deren Auftrag. Ihre Schriften spiegeln unausweichlich zeit- und ortsgebundene Wahrnehmungen und wurden für ganz bestimmte Zwecke verfasst. Wenn eine Annäherung an die historischen Wirklichkeiten gelingen soll, die sich dahinter verbergen, dann muss, wie der Historiker Robert Fliermann überzeugend dargestellt hat, der situative Kontext ausgeleuchtet werden, in dem jeder dieser Texte entstanden ist. In der Zusammenschau aller Quellen wird dabei sehr deutlich: Fast keiner der Autoren, der im 1. Jahrtausend über *Saxones* schrieb, tat dies, um zu dokumentieren, wer oder was Saxones waren.

Die ältesten sicheren Belegstellen für *Saxones* lassen keine Einigkeit darüber erkennen, was genau darunter zu verstehen ist, und von Franken werden sie nicht konsequent unterschieden. Zum Ende des 4. Jahrhunderts haben sich *Saxones* in den Quellen dann als *die* barbarische Bedrohung schlechthin etabliert. Die Texte lassen erkennen: *Saxones* bezwungen zu haben, steigert das Ansehen römischer Militärs und Herrscher beträchtlich. Angaben zu den Wohnsitzen der als überaus gefährlich geschilderten Piraten werden aber nicht gemacht. Sie waren wohl überflüssig und fehlen selbst dort, wo *Saxones* wie andere barbarische Gruppen von jenseits der Grenzen des Imperiums als *gens* (Stamm oder Volk) bezeichnet werden. *Saxones* werden auch nie näher beschrieben: Offenbar bedurfte es keiner Erläuterung, was es mit diesen Leuten auf sich hatte. Das Spektrum der Wahrnehmung und Darstellung von *Saxones* ist sehr eng:

Ihr Name wirkt wie ein Synonym für gefürchtete seefahrende Barbaren. Vieles spricht dafür, dass *Saxones* die «Wikinger» der Spätantike waren. Bei christlichen Autoren erscheinen sie als eine von Gott gesandte Strafe. Diese römischen Perspektiven werden von fränkischen Autoren übernommen. Ab dem 6. Jahrhundert wird dann von *Saxones* berichtet, die in verschiedenen Gegenden Galliens ansässig sind, und damit wandelt sich ihre Darstellung vom typisch barbarischen Außenseiter zu einem nicht-fränkischen Element der Gesellschaft, wie Robert Fliermann feststellt. Und wer sich damals entschied, unter der Führung von *Saxones* in den Dienst merowingischer Könige zu treten, galt ebenfalls als einer von ihnen, unabhängig von seiner Herkunft. Jene *Saxones* Genannten, die die Quellen der Merowingerzeit rechts des Rheins verorten, sind hingegen rebellische Nachbarn, die die Oberherrschaft fränkischer Könige nicht akzeptieren wollen. Wo genau deren Gebiete lagen, wird nicht verzeichnet. Zur Zeit der «Sachsenkriege» Karls des Großen ist aus *Saxones* dann ein Sammelbegriff geworden, der verschiedene im rechtsrheinischen Raum zwischen Nordsee und Mittelgebirgen ansässige Gruppen mit anderen Namen subsumiert, die sich der Herrschaft des Frankenkönigs widersetzen. Wer eine Beschreibung dieser *Saxones* sucht, wird erst in der Biographie Karls des Großen fündig, die der Gelehrte Einhard († 840) nach dessen Tod verfasst hat: «Die Sachsen waren ein wildes Volk, das Götzen anbetete und dem Christentum feindlich gesinnt war», und sie empfanden es «nicht als ehrlos, alle göttlichen und menschlichen Gesetze zu verletzen und zu übertreten.» Es wird vermutet, dass diese eingangs schon zitierte Schilderung vor allem erklären sollte, warum Karl der Große über 30 Jahre gebraucht hat, um das rechtsrheinische «Sachsenproblem» der Frankenkönige in den Griff zu bekommen.

Selbstverständlich ist es legitim, zur Diskussion zu stellen, dass all diese verschiedenen *Saxones* sich auch selbst dafür gehalten oder sich gegenseitig als *Saxones* wahrgenommen hätten. Aber beweisen lässt sich das nicht. Die Frage, ob sie alle über Zeit und Raum hinweg durch das Bewusstsein einer gemeinsamen sächsischen Identität verbunden waren, kann die Überlieferung ebenfalls nicht beantworten. Es ist den Quellen nicht einmal zu entnehmen, ob sich die *Saxones* Genannten im Einzelfall selbst überhaupt als eine Gruppe wahrgenommen haben.

Ursprungsmythen. Dass sich *Saxones* Genannte selbst als solche betrachtet haben und durch ein Gefühl der Zusammengehörigkeit verbunden waren, kann nur da mit Sicherheit behauptet werden, wo Selbstzeugnisse das bestätigen. Für den Kontinent liegen die ältesten Texte dieser Kategorie mit jenen Schriften vor, die im 9. Jahrhundert von oder im Auftrag von Mitgliedern der Elite der rechtsrheinischen *Saxones* verfasst wurden (vgl. Kapitel II.6). Im Abgleich mit den Darstellungen fränkischer Autoren wird an diesen Texten sichtbar, dass und wie deren Fremdwahrnehmung die Selbstwahrnehmung dieser Leute beeinflusst hat. Und es lässt sich beobachten, wie die «Sachsenkriege» Karls des Großen und ihre Folgen von den Unterworfenen verarbeitet werden: Sie bringen ihre jüngste Vergangenheit in eine gewinnbringende, zukunftstaugliche Form. Die Selbstdarstellungen sächsischer Großer und Kleriker sind Standortbestimmungen, in denen sich aus heutiger Perspektive ein Identitätsfindungsprozess spiegelt, der durch die «Sachsenkriege» initiiert wurde: Es ist erst die Konfrontation mit Karl dem Großen, die *Westfalaos* («Westfalen»), *Angrii* («Engern»), *Austrasii* («Die im Osten»), *Albingii Septemtrionales* («nördlich der Elbe Wohnende») und *Northliudi* («Nordleute») zu einem Bewusstsein ihrer selbst als Angehörige eines großen Kollektivs von *Saxones* führt.

Aus dem 9. Jahrhundert stammt auch die erste bekannte schriftlich fixierte Erzählung einer Geschichte dieser *Saxones*. Sie endet mit der Annahme der Herrschaft Karls des Großen und des christlichen Glaubens durch die Sachsen. Auf Pergament gebracht hat sie allerdings kein Sachse, sondern der Mönch Rudolf von Fulda, als Auftakt zu einem geplanten Bericht über die Beschaffung von Reliquien durch den sächsischen Adligen Waltbert (vgl. Kapitel II.6). Wie schon erläutert, halten heutige Historiker auch diese Geschichte für ein gelehrtes Konstrukt. Die erste bekannte Historie der Sachsen, die ein

Sachse selbst verfasst hat, entstand erst im 10. Jahrhundert: «Die Sachsengeschichte» des Mönches Widukind von Corvey (vgl. Kapitel II.8). Sie endet mit dem Tod Kaiser Ottos I. Der mit der königlichen Familie verbundene Mönch legte in seiner «Sachsengeschichte» fest, woran sich zukünftige Generationen erinnern sollen. Zu sagen, woher deren Vorfahren stammten, fällt ihm allerdings schwer, und Textvergleiche lassen keine Zweifel: Widukind hat seine Erzählung vom Ursprung der Sachsen im Wesentlichen bei Rudolf von Fulda abgeschrieben (vgl. Kapitel II.8).

Rudolf von Fulda hatte behauptet, dass die Sachsen aus England auf den Kontinent nach «Haduloha» (Hadeln) gekommen seien. Bei Widukind hingegen machen sich die Sachsen erst nach ihrer Ankunft in Hadeln und nach der Unterwerfung dort ansässiger Thüringer nach England auf. (Eine Abschrift von Ptolemäus' «Geographie» aus dem 2. Jahrhundert, aus der hervorgeht, dass nördlich der Elbe *Saxones* sitzen, scheint beiden nicht vorgelegen zu haben.) Widukind erläutert, dass ein sächsisches Heer nach England zog, um der Bitte von Bewohnern der Provinz Britannien nachzukommen, diese bei der Abwehr von Angriffen von «Nachbarvölkern» zu unterstützen. Die Sachsen blieben in England, nachdem sie nach einer gewissen Zeit mit den Feinden der Briten Frieden geschlossen und jene gemeinsam vertrieben hätten. Diesen Teil seiner Landnahmeerzählung hat Widukind zweifellos einer anderen Schrift entnommen, nämlich der *Historia ecclesiastica gentis Anglorum* («Kirchengeschichte des englischen Volkes») des britischen Mönches Beda Venerabilis (vgl. Kapitel II.3). Beda, der seine Historie rund 50 Jahre vor Beginn der «Sachsenkriege» Karls des Großen abgeschlossen hat, hatte wiederum seinerseits eine ältere Schilderung von Ereignissen ausgewertet, nämlich die in der Mahnpredigt des britischen Klerikers Gildas aus der Zeit um das Jahr 500 oder aus der 1. Hälfte des 6. Jahrhunderts (vgl. Kapitel II.1). Gildas hat in diesem Text beschrieben, wie und warum sich seiner Ansicht nach im 5. Jahrhundert *Saxones* als Machthaber in der römischen Provinz *Britannia* festgesetzt haben: Er betrachtet dies als eine den Briten von Gott gesandte Bestrafung.

Bedas Ansichten über die zu seiner Zeit fast 300 Jahre zurückliegende Landnahme von *Saxones* auf der britischen Hauptinsel können aus heutiger Sicht einige Verwirrung stiften. Er ist der erste bekannte Autor, der sich nach Gildas mit diesen *Saxones* beschäftigte. Im Unterschied zu Gildas lässt Beda außer *Saxones* auch Jüten und Angeln vom Kontinent auf die britische Hauptinsel kommen. Bei Gildas finden sich keine Angaben zu den Gebieten, die *Saxones* in England okkupierten. Aber Beda schreibt, dass die Bewohner von Essex (Ostsachsen), Wessex (Westsachsen), und Sussex (Südsachsen) von *Saxones* herstammten, die Bewohner Kents, der Isle of Wight und des dem dieser Insel gegenüberliegendenden Gebietes hingegen von Jüten, die Mittelangeln, Ostangeln, Mercier und Nordhumbrier und alle übrigen Völker der «Angli» von den Angeln. Beda leitet das aus den Verhältnissen seiner Zeit ab. Hieraus den Schluss zu ziehen, dass Invasoren vom Kontinent im 5. Jahrhundert die von ihnen okkupierten Gebiete untereinander nach Ethnien getrennt aufgeteilt hätten, ginge fehl. Mit «Angli» ist im Sprachgebrauch auf der britischen Insel zur Zeit des Beda die gesamte Einwohnerschaft des heutigen Englands gemeint. Diese kann allerdings auch den Sammelnamen «*Saxones*» tragen. Und auch auf dem Kontinent werden seit der Merowingerzeit Engländer als *Saxones* bezeichnet und England als *Saxonia*. Bonifatius († 754) beispielsweise, ein Zeitgenosse Bedas (vgl. Kapitel II.3), sah sich selbst als Angehöriger der Angeln, stammte aber aus Wessex (Westsachsen). Der Begriff «Angelsachsen» war damals auf der Insel noch nicht geläufig. Als frühester Autor, dessen Schriften den Namen *Angli Saxones* für Engländer nach heutigen Begriffen überliefern, gilt der langobardische Historiker Paulus Diaconus († 790er Jahre). Bei Gildas finden sich auch keine Aussagen zur Herkunft der *Saxones*. Beda hingegen gibt an, dass sie aus dem Gebiet gekommen wären, «das heute das Gebiet der *Antiqui Saxones* genannt wird». Wie weiter oben schon ausgeführt (vgl. Kapitel II.3), handelt es sich dabei zweifellos um eine Sammelbezeichnung für rechts des Rheins ansässige Gruppen, die in den Quellen auch unter anderen Namen erscheinen können. Vermutlich wurden mit dieser Formulierung kontinentale *Saxones* begrifflich von den insularen oder englischen – also «anglischen» – *Saxones* getrennt. Vor diesem Hintergrund wird dann auch verständlich, dass Bonifatius in einem Brief festgehalten hat, *Antiqui Saxones* seien «vom gleichen Blut und Gebein» wie die «Angli». Laut Beda stammten die Angeln und (oder) *Saxones* auf der britischen Hauptinsel aber nicht nur von kontinentalen *Antiqui Saxones* ab, sondern auch von *Fresones, Rugini, Danai, Hunni* und *Boructuarii.*

«Die allzu ferne Zeit verdunkelt fast jede Gewissheit». Widukind von Corvey findet sich in seiner «Sachsengeschichte» mit dieser Feststellung damit ab, dass es seinerzeit widersprüchliche Vorstellungen davon gab, wer «seine» Sachsen in der Vergangenheit waren. Aber auch heute, über 1000 Jahre später, lässt sich aus der Überlieferung keine «Abstammungserzählung» dieser Sachsen des frühen Mittelalters extrahieren. Auf dem Kontinent werden *Saxones* als ein definierbares Kollektiv von Menschen, die nachweislich ein Gefühl der Zusammengehörigkeit verbindet, erst nach der Eingliederung heute nordwestdeutscher Gebiete zwischen Mittelgebirgen und Nordsee in den Herrschaftsbereich Karls des Großen und seiner Nachfolger sichtbar: Die Oberschicht der damaligen Einwohnerschaft dieses Raumes ist die erste bekannte Personengruppe auf dem Kontinent, die sich selbst *Saxones* nennt. Die «Sachsengeschichte» des Widukind von Corvey spiegelt deren sächsische Identität, aber als Mitglied der sächsischen Oberschicht tradiert Widukind sie mit seinem Schreiben sächsischer Geschichte nicht nur, er generiert diese Identität auch.

Wer die zuvor als *Saxones* Bezeichneten waren, wird sich wohl nicht mehr abschließend klären lassen. Die Schriftquellen geben vor allem Einblick in die Ansichten und Intentionen derer, die sie verfasst haben, und was diese Autoren im Lauf der Jahrhunderte «gehofft, befürchtet oder imaginiert haben, wer *Saxones* sind», wie der Historiker Robert Fliermann resümiert hat. Die Texte lassen außerdem erkennen, wie sie Vorstellungen ihrer Zeit in die Vergangenheit zurückprojizieren.

Es herrscht in der Forschung Konsens darüber, dass ethnisches Kategorisieren in der Wahrnehmung und Darstellung der Welt durch die Römer eine große Rolle spielte. Es galt das Gefüge und die Aktivitäten zahlreicher nicht-römischer Gruppen innerhalb und außerhalb ihres Imperiums zu beobachten, zu dokumentieren und zu verstehen, und vielleicht war es dieser «ethnisierende» Blick, der die Römer der Spätantike *Saxones* als barbarische *gens* wahrnehmen ließ. Der Begriff, der wörtlich zunächst «Geschlecht, Sippe» meint, und die unterschiedlichen Vorstellungen, die im Laufe des 1. Jahrtausends damit verbunden waren, sind seit der 2. Hälfte des 20. Jahrhunderts selbst Gegenstand der Forschung. Dass es sich bei den *gentes* (Plural von *gens*) um «Völker» im heute geläufigen Sinne gehandelt hat, gilt als widerlegt.

Wäre nicht die «Geographie» des Ptolemäus überliefert (vgl. Kapitel II.1), gäbe es keinen Grund, daran zu zweifeln, dass der Name *Saxones* in der spätantiken Überlieferung nicht mehr war als ein Sammelbegriff für nordseeküstennah beheimatete Bewohner des Kontinents, die als «mobile Gewaltunternehmer» unterwegs waren – oder, anders ausgedrückt, als «Messermänner», wie Widukind von Corvey vermutete.

IV. Sachsen im 1. Jahrtausend: Die archäologische Perspektive

Die Erzählung vom expansiven Sachsenvolk ist ein Ursprungsmythos, den Gelehrte des 19. und 20. Jahrhunderts geschaffen haben. Er wurzelt, wie in Kapitel III. geschildert, im völkischen Denken des 19. Jahrhunderts. Dort liegen auch die Anfänge der Archäologie als moderner Forschungsdisziplin. In Deutschland galt sie zu Beginn des 20. Jahrhunderts in den Augen vieler als eine «hervorragend nationale Wissenschaft». So jedenfalls hat der Philologe und Altertumskundler Gustav Kossinna (1858–1931) die seinerzeit aufblühende Forschung zur «deutschen Vorgeschichte» bezeichnet. Kossinna selbst formulierte die These, dass sich «scharf umgrenzte Kulturprovinzen», die mit der Verbreitung archäologischer Funde und Befunde greifbar seien, «zu allen Zeiten mit ganz bestimmten Völkern oder Völkerstämmen» decken. Dieser Grundsatz hat maßgeblich zum Entwurf der Ethnogenese der frühmittelalterlichen Sachsen beigetragen: Aus den Fundorten von Keramikgefäßen und Kleidungsbestandteilen mit bestimmter Gestaltung wurde abgeleitet, dass spätestens im 3. Jahrhundert tatsächlich Bewohner der Gebiete rechts der unteren Elbe diesen Raum – also die Heimat der «Ptolemäischen Sachsen» des 2. Jahrhunderts – verlassen und sich im Elbe-Weser-Dreieck niedergelassen hatten. Und die Tatsache, dass im heutigen Westfalen und im nördlichen Harzvorland archäologische Funde und Befunde entdeckt wurden, die Parallelen im nördlichen Niedersachsen haben, wurde dahingehend gedeutet, dass dann von dort bis ins 6. Jahrhundert hinein Verbände in Richtung Süden vorgedrungen sind. Allerdings wurde schon früh bemerkt, dass die dafür angeführten Belege zu dürftig waren, um eine Migration großer Bevölkerungsteile bis in die Mittelgebirge wahrscheinlich zu machen. Das gab der Idee Auftrieb, dass die sächsische Expansion auf dem Kontinent nicht durch die Niederlassung größerer mobiler Gruppen erfolgte, sondern das Ergebnis der Landnahme einer kleinen kriegerischen Elite mit einer sächsischen Identität sei, der sich Alteingesessene als «Bundesgenossen» mehr oder minder freiwillig angeschlossen hätten, um sich danach selbst als Sachsen zu betrachten.

Die Erzählung von der Sachsenwanderung ist also auch ein Ergebnis früher archäologischer Forschung. Unter Archäologen besteht heute allerdings Einigkeit darüber, dass die ethnische Deutung von Bodenfunden methodisch hochproblematisch ist. Hierin den räumlichen und zeitlichen Dimensionen der vielen kollektiven Identitäten nachzuspüren, die die Schriftquellen aus dem 1. Jahrtausend überliefern, ist aus zwei Gründen schwierig: Zum einen sind schriftliche Überlieferungen teils unauflösbar widersprüchlich und viele der aus ihnen ableitbaren historischen Sachverhalte keine «harten» Fakten, sondern das Ergebnis von Interpretationen und manchmal gewagter Schlussfolgerungen. Zum anderen kann sich ethnische Identität zwar durchaus in Sachkultur ausdrücken, muss das aber keinesfalls. Das Zusammengehörigkeitsgefühl von Angehörigen eines Kollektivs kann tatsächlich beispielsweise mit dem Tragen bestimmter Schmuckstücke kommuniziert werden – aber das darf nicht für jede Zeit und jeden Raum vorausgesetzt werden. Ein Gruppenbewusstsein kann sich genauso gut in Praktiken oder Normen manifestieren, die keinen dinglichen Niederschlag in Form von Bodenfunden hinterlassen und damit archäologisch nicht zu fassen sind. Dass sich in der Gestaltung und Verwendung von Gebrauchsgegenständen, Schmuck oder Waffen Identität spiegelt, ist unbestreitbar. Dadurch können aber auch nicht-ethnische Aspekte von Identität angezeigt werden wie Geschlecht, Alter oder sozialer Rang. Außerdem wandelt sich in Gruppen der Konsens darüber, welches Objekt wofür steht. Wo und wann welche Objekte in der Vergangenheit welche Anteile der Identität eines Individuums oder eines Kollektivs zum Ausdruck gebracht haben, muss deshalb im Einzelfall erforscht werden. Dass es für alle Mitglieder einer Gruppe immer und überall wichtig war, ihre ethnische Identität sichtbar werden zu lassen, darf man ebenfalls nicht voraussetzen: Die «soziale Arena» der meisten Menschen im 1. Jahrtausend war der Ort, an dem sie ihren Lebensunterhalt erwirtschafteten und dessen nächste Umgebung, die sie nie oder nur sehr selten verlassen haben, und in diesen Kontexten dürften andere Zuordnungen von größerer Bedeutung gewesen sein. Bei den überregional vernetzten und teils hochmobilen Angehörigen der Oberschicht hingegen war das mit Sicherheit anders.

Von Sachsen keine Spur. Ob oder inwieweit sich die Bevölkerung der frühmittelalterlichen *Saxonia* schon vor dem 9. Jahrhundert selbst als *Saxones* betrachtet hat oder ab wann das der Fall gewesen sein könnte, kann die Archäologie mit der Interpretation ihrer Untersuchungsgegenstände nicht herausfinden. Auch die Frage, ob Bewohner von Gebieten nördlich der unteren Elbe im 2. Jahrhundert in der «Geographie» des Ptolemäus *Saxones* oder *Aviones* genannt wurden (vgl. Kapitel II.), oder warum die Namen, die Tacitus in seiner «Germania» im 1. Jahrhundert für verschiedene Gruppen der damaligen Bewohner der späteren *Saxonia* verwendet hat, im 3. Jahrhundert aus der Überlieferung verschwunden sind (vgl. Kapitel III.), kann sie nicht klären. Die Quellen, die die «Spatenforschung» erschließt, erlauben jedoch viele Einblicke in die Lebenswirklichkeit der Menschen, die dieses Land zuvor bevölkerten: Archäologische Funde und Befunde aus dem Raum zwischen Nordsee und Mittelgebirgen geben Aufschluss über ihre Mobilitätsradien, über kulturelle Kontakträume und über ökonomische Verhältnisse, sie beleuchten die Rolle der einheimischen Oberschicht in den elitären Netzwerken ihrer Zeit und sie machen die Herausbildung von Herrschaftskomplexen sichtbar.

Zu Beginn des 1. Jahrtausends war die nachmalige *Saxonia* Teil der Gebiete zwischen Rhein und Elbe, aus denen zur Zeit des römischen Kaisers Augustus eine «Germania» genannte Provinz seines Imperiums werden sollte. Infolge der Niederlage der römischen Armee in der legendären Varusschlacht im Jahr 9 gegen Kampfverbände aus diesem Raum, die der in Rom ausgebildete Cherusker Arminius angeführt hatte, wurde dieses Vorhaben aufgegeben. Zu der Zeit, in der Tacitus und Ptolemäus ihre Schriften verfassten, bestanden gleichwohl gute und intensive Kontakte zwischen Bewohnern der «Germania» und des Römischen Reiches. Sie spiegeln sich unter anderem im Fund zahlreicher römischer Luxusgüter wie Buntmetall- oder Silbergefäße, die auch zur Ausstattung reicher, sogenannter germanischer «Fürstengräber» aus dem 1. bis 2. Jahrhundert dienten.

Am «Harzhorn», einem Höhenzug im niedersächsischen Landkreis Northeim, wurden zu Beginn des 21. Jahrhunderts Waffen und Ausrüstungsteile der römischen Armee aus dem 3. Jahrhundert gefunden, verstreut über einige Kilometer. Vermutlich war es hier zu einer Schlacht zwischen einheimischen Verbänden und den Truppen des römischen Kaisers Maximinus Thrax gekommen, der im Jahr 235/236 von Mainz aus bis nach Mitteldeutschland vorgedrungen war. Grabfunde des 3. Jahrhunderts zeigen: Die Anführer der germanischen Krieger gehörten wohlhabenden Familien an, die aktive Teilhaber eines weitgespannten germanischen Elitennetzwerkes waren. In diesen Kreisen zirkulierten Menschen, Waren und Wissen über Hunderte von Kilometern. Teure Geschenke aus aller Herren Länder besiegelten Bündnisse. Ein effizientes Netz von Land- und Wasserwegen brachte römische Importwaren in entlegene Winkel. Am Hellweg, über den später Karl der Große wie schon zuvor die römische Armee des Augustus vordrang, aber auch überall an Furten und Kreuzungen, am Ufer und der Mündung vieler Flüsse und an der Nordseeküste sind damals Warenumschlagsplätze entstanden. Die damalige Oberschicht in der zukünftigen *Saxonia* bewegte sich machtpolitisch und ökonomisch im Spannungsfeld zwischen Rom, den Interessen germanischer Machthaber in Mitteldeutschland und Südskandinavien und später auch dem gallischen Sonderreich des römischen Gegenkaisers Postumus, dessen Vorort zwischen 260 und 272 Köln am Rhein war.

Wie zahlreiche Münzhortfunde belegen, strömte in der 1. Hälfte des 4. Jahrhunderts auch viel römisches Geld ins Land zwischen Rhein und Elbe. Überall entlang der Trassen des Hellwegs, vor allem aber in Westfalen, gelangten in größeren Mengen kleine römische Bronzemünzen, sogenannte *Folles*, in den Boden. Im Römischen Reich waren sie das Kleingeld für den täglichen Bedarf. Als Einzelstück fast ohne Materialwert signalisiert ihr massenhaftes Vorkommen: Es waren echte Zahlungsmittel mit nominellem Wert. In der Hellwegzone gab es jetzt offensichtlich eine reguläre Geldwirtschaft wie im Römischen Reich.

In großer Zahl werden fast überall zwischen Rhein und Elbe auch Beschläge römischer Militärgürtel gefunden. Sie werden in das 4. Jahrhundert und die 1. Hälfte des 5. Jahrhunderts datiert. Die meisten stammen aus Gräbern von Männern. Sie gelten als Rückkehrer aus römischen Armeediensten. Germanen waren in der römischen Armee damals schon seit Jahrhunderten nichts Besonderes. Sie dienten als einfache Söldner, aber auch als *foederati*: Das waren nicht-römische Anführer, die gegen Bezahlung mit ihrem eigenen Gefolge für Rom kämpften. Im 4. Jahrhundert waren sie das Rückgrat der Streitkräfte des Imperiums. In diesem Geschäft ließen sich enorme Vermögen erwerben. Das bezeugen zahlreiche Hortfunde großer Mengen an römischem Gold und Silber in Form von Münzen, Schmuck und militärischen Rangabzeichen.

Besondere Aufmerksamkeit verdient ein sogenanntes *Multiplum* des weströmischen Kaisers Constans (337–350), das bei Fredenbeck im Landkreis Stade links der unteren Elbe gefunden wurde. Es wurde 342/343 im heutigen Kroatien geprägt. *Multipla* sind sehr große Goldmünzen, die die römischen Kaiser persönlich als besondere Auszeichnungen vergaben. Zu den Empfängern dieser wertvollen Geschenke gehörten im 3. und 4. Jahrhundert auch Offiziere der Armee und Rom wohlgesinnte germanische Große.

In der Lesart der These vom Ursprung der Sachsen, die seit dem 19. Jahrhundert entwickelte wurde, müsste sich die im 4. Jahrhundert beiderseits der unteren Elbe ansässige Bevölkerung zum Stamm der Sachsen gezählt haben. Diese Ansicht ist immer noch populär. Der ehemalige Eigentümer des *Multiplum* aus dem Landkreis Stade ist deshalb als «ein Fürst oder König des sich in der Zeit herausbildenden sächsischen Großstammes» beschrieben worden, und das Goldmultiplum als der «früheste archäologische Beleg für die Existenz einer sächsischen

Elite in Niedersachsen». Im direkten Abgleich mit der schriftlichen Überlieferung ergibt sich daraus aber eine Unstimmigkeit. Im Jahr 356, nur sechs Jahre nach dem Tod des Kaisers Constans, ist nämlich jene Lobrede auf den römischen Kaiser Constantius II. (337–361) entstanden, die die früheste wirklich verlässliche Belegstelle für den Sachsennamen ist (vgl. Kapitel II.1). Constantius II. und Constans waren Brüder und Söhne Konstantins des Großen. Der Verfasser der Lobrede war der spätere Kaiser Julian (360–363). Er war ein Neffe Konstantins des Großen und somit ein Vetter von Constans und Constantius II. Was Julian in seiner Rede über *Saxones* festhält, sei hier kurz wiederholt: Zusammen mit *Franci* (Franken) hätten sie für den Usurpator Magnentius gekämpft, der in den römischen Provinzen Galliens die Herrschaft an sich gerissen hatte. Mehr als dass *Saxones* und *Franci* die kriegerischsten Völker «am Rhein und am westlichen Meer» seien, weiß Julian darüber hinaus nicht über sie zu berichten. Magnentius, der von 350 bis 353 Gegenkaiser war, hatte sich an einer Erhebung von Offizieren der römischen Armee beteiligt, die 350 in der Ermordung des Constans gipfelte. Wenn nun tatsächlich ein wohlgelittener «sächsischer Fürst» von der unteren Elbe zwischen 342 und 350 Empfänger einer Auszeichnung aus der Hand des Constans war, warum sind dann Julian im Jahr 356 die Verhältnisse und Wohnsitze eines Volkes der Sachsen nicht ansatzweise näher bekannt oder erwähnenswert? Und hätte Julian die *Saxones* nicht des Verrats an seinem Vetter Constans bezichtigen müssen, wenn er mitteilt, dass sie Magnentius unterstützten? Immerhin hatte Constantius II., der Constans nachfolgte, Magnentius im Jahr 351 in der Schlacht von Mursa im heutigen Kroatien geschlagen. Vielleicht war der letzte Besitzer von Constans' *Multiplum* gar nicht der Empfänger einer Auszeichnung, sondern ein Dieb aus den Reihen der Söldner des Magnentius? Oder war das Goldstück ein Sold aus der Hand des Usurpators? Es lässt sich letztendlich nur spekulieren, unter welchen Umständen es an die untere Elbe gelangte, aber es findet seinen Platz in einer ganzen Reihe von Edelmetall- bzw. Münzfunden aus dem heute nordwestdeutschen Raum, die mit Anwerbungen von germanischen Kriegerverbänden durch Magnentius in Verbindung gebracht werden.

Wie dem auch sei: Ihre Gewinne haben erfolgreiche Rückkehrer aus römischen Diensten sicher in den Unterhalt oder die Vergrößerung ihrer militärischen Gefolge investiert – aber wohl nicht ausschließlich: In der Hellwegzone lassen sich Werkstätten nachweisen, die im 4. bis 5. Jahrhundert feines keramisches Trinkgeschirr produzierten, nach germanischem Geschmack und mit römischem Know-how.

Im Elbe-Weser-Dreieck wurden die typischen Verzierungsmuster der Militärgürtelbeschläge von ortsansässigen Handwerkern übernommen. Sie fertigen neue Gürtelbeschläge dieser Art, aber mit weiterentwickelten Zierelementen. Ab dem Ende des 4. Jahrhunderts erscheinen die eigenwilligen und unverwechselbaren Muster auch auf Schmuckstücken aus Edelmetall, sogenannten Fibeln, die Frauen der Oberschicht zugleich zum Fixieren und Verschließen von Gewändern dienten (Abb. 3). Der Archäologe Johan Nicolay geht davon aus, dass diese ebenso wertvollen wie prestigeträchtigen Statussymbole von Anführern an Gefolgsleute verschenkt wurden, deren Loyalität es zu entlohnen galt. Seines Erachtens hatte sich im Elbe-Weser-Dreieck in der 1. Hälfte des 5. Jahrhunderts ein Herrschaftskomplex formiert, an dessen Spitze ein Mann stand, der im römischen Sprachgebrauch der Zeit als *rex* («König») bezeichnet werden darf. Der «Military-Look» der Söldner wurde während einiger Generationen zum prestigeträchtigen Erkennungszeichen einer wohlhabenden und einflussreichen «warrior-community» im Elbe-Weser-Dreieck. Zugleich bildete sich ein für die Region typischer Verzierungsstil für Keramikgefäße heraus, mit üppigen plastischen Dekoren. Archäologen nennen die Gefäße «Buckelurnen».

Einige der Träger römischer Militärgürteln wurden bei großen alten Grabhügeln beerdigt. Vielleicht wollten ihre Angehörigen damit signalisieren, dass sie legitime Nachfolger mächtiger Herrscher der Vergangenheit waren. Bei ihren Gräbern entstanden mit der Zeit teils riesige Friedhöfe, die bis zu 500 Jahre lang weitergenutzt werden. Das Wirken dieser Männer hallte offenbar lange nach.

Söldner und Migranten. Ihren Lohn haben Söldner oder *foederati* der römischen Armee aus heute nordwestdeutschen Gebieten wohl auch in der römischen Provinz Britannien erworben. Darauf weisen neben anderem sogenannte *clipped siliquae* hin, ein bestimmter Typ romano-britischer Münzen aus der Zeit zwischen 407/410 und etwa 430. Sie werden außer in England auch in den Niederlanden, in Niedersachsen und in Dänemark gefunden. Damals waren schon Generationen von Germanen als Mitglieder der römischen Armee auch nach Britannien gezogen, und die große Insel in der Nordsee kein unbekanntes fernes Land.

Ein Transfer von Gegenständen lässt sich aber auch in umgekehrter Richtung beobachten: Im Südosten Englands werden Keramikgefäße und Fibeln im Stil der «warrior-community» im Elbe-Weser-Dreieck entdeckt. Beides findet sich in großer Zahl vor allem auf großen Bestattungsplätzen mit Gräbern des 5. Jahrhunderts: Die Machthaber im Elbe-Weser-Dreieck hatten also wohl auch jenseits der Nordsee Einfluss gesucht und gefunden. Alles spricht dafür, dass ihre Leute zu jenen Verbänden gehörten, die sich dem Bericht des Gildas zufolge von britischen Magnaten als Krieger anwerben ließen, um sich dann dauerhaft auf der Insel niederzulassen (vgl. Kapitel II.) Gildas hätte sicher nicht gezögert, sie als *Saxones* zu bezeichnen. Seine Schilderungen lassen sich durchaus so verstehen, dass diese nach römischem Vorbild als *foederati* verpflichtet worden sind. Aber haben sich die Leute aus dem Elbe-Weser-Dreieck auch selbst als *Saxones* bezeichnet? Die archäologische Forschung sah lange keinen Grund, hieran zu zweifeln, und natürlich ist das denkbar. Aber zu beweisen ist es nicht. An ihrem «Military-Look» lässt sich immerhin ablesen, mit wem sie in Verbindung gebracht werden wollten: mit der Armee des römischen Imperiums.

Auf der Insel entstanden bis ins 6. Jahrhundert hinein Keramikgefäße und Schmuck im von Archäologen bis heute so genannten «sächsischen Stil» des Elbe-Weser-Dreiecks. Offensichtlich wurde er in Gemeinschaften tradiert, in denen die Erinnerung an kontinentale Ursprünge Teil der kollektiven Identität war.

Die archäologisch fassbare Migration aus dem Nordwesten

der nachmaligen *Saxonia* war allerdings nur ein kleiner Teil eines größeren Geschehens. Die Verbreitung von Keramik- und Fibelformen aus kontinentalen Gebieten weit jenseits des Elbe-Weser-Dreiecks, aber auch das Auftreten bestimmter Gebäudetypen und Bestattungspraktiken geben klar zu erkennen, dass damals Menschen aus allen nordseeküstennahen Gebieten des Kontinents nach England gezogen sein dürften: aus Norwegen und Schweden ebenso wie aus Dänemark, ganz Nordwestdeutschland und den Niederlanden. Wie viele genau, ist schwer zu sagen und in der Forschung umstritten, aber es waren genug, um die britische Hauptinsel entscheidend zu prägen: Zuwanderung vom Kontinent ist der Grund dafür, dass dort mit Englisch eine germanische Sprache gesprochen wird.

Aus der Verbreitung der ältesten germanischen Ortsnamen auf der britischen Hauptinsel, die kontinentale Parallelen haben, ergibt sich ein eigenes Bild von den potentiellen kontinentalen Ausgangsgebieten der Migration: Sichtbar werden in erster Linie der Raum zwischen Rhein und Elbe, wo solche Toponyme vor allem aus dem nördlichen Mittelgebirgsraum bekannt sind, aber auch die südlichen Niederlande, Nordbelgien, Flandern und Nordfrankreich. Mit den Mittelgebirgen ist darunter ein Gebiet, das im Spiegel der archäologischen Überlieferung unbeteiligt erscheint. Mit der jütischen Halbinsel Dänemark und dem übrigen Skandinavien scheidet hingegen ein großes Gebiet aus, das archäologisch belegte Verbindung nach England hatte.

Genetischen Untersuchungen zufolge soll gut ein Drittel des Erbguts weißer Menschen, die heute in Ostengland leben, demjenigen frühgeschichtlicher Zuwanderer vom Kontinent entsprechen. Analysen der DNA, die aus frühgeschichtlichen Skelettresten aus England gewonnen werden konnte, verweisen auf genetische Verbindungen der damaligen Bevölkerung insbesondere zur Einwohnerschaft der Niederlande und Dänemarks.

Damit bestätigt sich, was schon die Überlieferung nahelegt: Die «Germanisierung» der britischen Hauptinsel war sehr viel komplexer als es die Erzählungen von Gildas aus der Zeit um 500 oder aus der 1. Hälfte des 6. Jahrhunderts und später von Beda (vgl. Kapitel II.) aus dem 8. Jahrhundert glauben machen.

Ein Land vieler Herren. Nach einer kurzen, kaum mehr als drei Generationen umfassenden Blüte ist der von römischen Militärgürteln inspirierte Verzierungsstil, der im Elbe-Weser-Dreieck entstanden war, dort wieder verschwunden. In der späteren *Saxonia* hat sich danach kein eigenständiges gestalterisches Schaffen bei der Herstellung von Kleidungsbestandteilen aus Metall mehr entwickelt. Am Körper getragene Statussymbole der Oberschicht haben nach der Mitte des 5. Jahrhunderts neue Formen: Dazu gehören sogenannte Goldbrakteaten, aus Goldblech geprägte Amulette, die als Anhänger um den Hals getragen wurden. Sie werden in die 2. Hälfte des 5. Jahrhunderts und in die 1. Hälfte des 6. Jahrhunderts datiert. Im Elbe-Weser-Dreieck, aber auch im Wendland unweit der Elbe sowie im Emsland wurden solche Anhänger in kleinen Depots im Boden gefunden. Erfunden wurden die Goldbrakteaten in Südskandinavien. Sie signalisierten dort einen speziellen gesellschaftlichen Status und sicher schrieb man ihnen auch magische Kräfte zu. Auf ihnen sind Wesen in Menschen- und Tiergestalt dargestellt. Um was es sich dabei handelt, ist im Einzelfall schwer zu sagen: Figuren der germanischen Mythologie, Drachen, Dämonen oder Helden, oder ein schamanistischer Mix aus allem. Als gestalterische Vorbilder geben sich Darstellungen auf römischen Münzen und Medaillen zu erkennen. Goldbrakteaten wurden in kleinen Serien hergestellt. Ihre Bilder wurden kopiert und modifiziert. Die europaweite Verbreitung von Stücken aus einer Serie zeigen die enorme Reichweite der germanischen Elitennetzwerke dieser Zeit an: Sie reichten von Ostengland bis nach Thüringen und von Norwegen bis nach Süddeutschland. Wo Goldbrakteaten auftauchen, teilten Menschen Vorstellungen und gesellschaftliche Normen, über ethnische Grenzen hinweg.

Hergestellt wurde der goldene Schmuck in Zentralorten im Auftrag und unter dem Schutz dort ansässiger Machthaber. Diese Orte waren zugleich Mittelpunkte von Kult, Handel und handwerklicher Produktion. Als ein solcher Platz wird auch das Umfeld der heutigen Ortschaft Sievern im Landkreis Cuxhaven betrachtet, wo gleich zwei Brakteatendepots unweit einer Befestigungsanlage des 5. Jahrhunderts entdeckt wurden. Solche Deponierungen sind typisch für Südskandinavien, aber auch in Ostengland nachgewiesen. Einer der Horte bei Sievern enthielt auch einen großen goldenen Halsring. In Skandinavien war das damals ein Herrschaftszeichen.

Den Mediävisten Karl Hauck haben die goldenen Amulette und der Halsring von Sievern an den goldenen Halsschmuck erinnert, der in der Landnahmeerzählung der Sachsen bei Widukind von Corvey eine zentrale Rolle spielt: Einer der übers Meer in «Hadulaun» angelandeten Sachsen erwirbt damit einen Haufen Erde, was später die Ermordung von Thüringern rechtfertigt (vgl. Kapitel II.). Hauck hat Widukinds «Hadulaun» mit der Gegend im Elbe-Weser-Dreieck gleichgesetzt, in der Sievern liegt. Ihm zufolge könnten die Goldfunde von Sievern die Zuwanderung einer Oberschicht anzeigen, die aus dem skandinavischen Raum kam, und insofern Widukinds Erzählung von den Sachsen, die als Eroberer übers Meer kamen, bestätigen.

Der Platz mit den Goldschmuckhorten bei Sievern war damals «einer der vielleicht bedeutendsten Zentralplätze auf dem nördlichen Kontinent», so die Archäologin Alexandra Pesch. Einblicke in die Netzwerke und machtpolitischen Ausrichtungen von damals in der späteren *Saxonia* ansässigen Familien erlauben aber auch andere besondere Schmuckstücke aus der 2. Hälfte des 5. und der 1. Hälfte des 6. Jahrhunderts, die unter anderem in Gräbern von Frauen an der mittleren Weser bei Liebenau im Landkreis Nienburg/Weser und links der unteren Elbe bei Issendorf im Landkreis Stade entdeckt wurden. Es handelt sich dabei um sogenannte Bügelfibeln, wie sie damals im linksrheinischen Stammland der Frankenkönige, aber auch in vielen Gebieten rechts des Rheins in Mode waren. Ausgeführt in Gold und Silber sind sie Statussymbole der Oberschicht. Ihre Gestaltung lässt verschiedene Stile erkennen, aber auch typische Designs einzelner Goldschmiede, die am Hof von Magnaten gearbeitet haben. Die Fundorte von Bügelfibeln aus einer Hand bezeugen die große Mobilität der Oberschicht dieser Zeit. Weibliche Mitglieder der Elite waren damals wohl vor allem im Dienste ihrer Familien mobil: Die Schriftquellen überliefern, dass und wie damals auch mit arrangierten Ehen Politik gemacht wurde. Die Bügelfibeln aus der 2. Hälfte des 5. und 1. Hälfte des 6. Jahrhunderts von der unteren Elbe und der mittleren Weser legen nahe, dass es dort Bündnispartner einer mitteldeutschen Oberschicht gab: Zu den Schmuckstücken existieren fast identische Vergleichsstücke aus dem heutigen Thüringen und dem Süden des heutigen Sachsen-Anhalts, wo sie zur Ausstattung der Gräber von Frauen aus sehr wohlhabenden Familien gehören. Auf Kontakte dorthin verweisen auch bestimmte Typen von Keramikgefäßen, die im heutigen Niedersachsen entdeckt wurden. Thüringen und der angrenzende Süden Sachsen-Anhalts gelten als die Stammlande der thüringischen Könige des 5. und 6. Jahrhunderts. Der archäologische Befund passt insofern sehr gut zu der These, dass sich der Raum, in dem diese Herrscher Anhänger hatten, bis zur Nordseeküste erstreckte (vgl. Kapitel II.2).

Wie schon erwähnt, waren die Thüringerkönige überaus einflussreich: Die Ehefrau des Königs Herminafrid war eine Nichte Theoderichs des Großen, der seit 493 im Weströmischen Reich herrschte. Wie in Kapitel II. geschildert, war ein Machtkampf zwischen Herminafrid und den Frankenkönigen Theuderich und Chlothar I. nach dem Tod des Theoderich († 526) eskaliert und endete zu Beginn der 530er Jahre mit der Ermordung des Thüringers durch die Franken. Widukind von Corvey berichtet in seiner «Sachsengeschichte» (vgl. Kapitel II.8), dass die Franken die Sachsen für ihren Kampf gegen Herminafrid um Hilfe gebeten hätten, aber erst nachdem schon eine erste Schlacht zwischen Franken und Thüringern an einem Ort namens *Runibergun* stattgefunden hatte. Dort habe Herminafrid die Franken empfangen, als sie sich «den Grenzen der Thüringer näherten». *Runibergun* wird schon lange mit dem Ort Ronnenberg bei Hannover gleichgesetzt. Er liegt direkt an einer der Trassen des Hellwegs. Dass die Merowingerkönige wie später die Arnulfinger und Karl der Große und vor ihnen die Römer über den Hellweg Richtung Osten vorgedrungen sind, ist naheliegend.

Ein sehr bemerkenswerter kleiner Friedhof, der im Jahr 2012 nur rund sechs Kilometer südöstlich von Ronnenberg entdeckt wurde, wirft ein ganz neues Licht auf diesen Bericht des Widukind, den nicht alle heutigen Historiker für glaubwürdig halten. Nahe der Ortschaft Hiddestorf wurden vier Erdbestattungen entdeckt, aufgereiht neben einer großen, aus Eichenholz gezimmerten Grabkammer. Jedes der fünf Gräber enthielt den Leichnam eines erwachsenen Mannes. Mindestens zwei der Männer aus den einfacheren Gräbern scheinen enthauptet worden zu sein. Der Tote im Kammergrab war mit voller Bewaffnung und zahlreichen anderen Dingen beigesetzt worden, darunter Geschirr aus Glas, Buntmetall und Keramik. Die zeitliche Einordnung der Beigaben aus allen Gräbern und naturwissenschaftliche Datierungen zeigen: Die fünf Männer starben in der Zeit um 530. Dem Kammergrab gut vergleichbare Bestattungsbefunde von Männern der Oberschicht sind aus dieser Zeit aus halb Europa bekannt. Die Beigabenausstattung der Toten wirkt uniform und wir sehen überall die gleiche Ausrüstung. Sie erscheinen als Angehörige einer Art Kriegerkaste. Für wen sie gekämpft haben, ist im Einzelfall schwer zu sagen. Im Fall von Hiddestorf spricht aber einiges dafür, dass der Tote im Kammergrab ein Anhänger des Thüringerkönigs gewesen sein könnte: Neben ihm lag auch ein Pferd begraben. Das ist ein Phänomen, das seinen Ursprung ganz klar in Mitteldeutschland hat. Und in diese Richtung deutet auch ein dunkles, glänzendes Keramikgefäß in seinem Grab. Behälter dieser Art sind in Mitteldeutschland regelhaft Teil der Totenausstattung von Mitgliedern der Oberschicht. Vielleicht gehörte das ebenso auffällige wie qualitätsvolle Geschirr zu den Geschenken, die auch die thüringischen Könige ihren Anhängern machen mussten. Sie waren wie alle Herrscher ihrer Zeit auf loyale Gefolgsleute angewiesen, die ihre Interessen vertraten und für sie kämpften.

Vieles deutet darauf hin, dass die Männer, die bei Hiddestorf unweit von Ronnenberg begraben worden sind, bei dem Versuch ums Leben kamen, den Vorstoß der Franken gegen den Thüringerkönig zu stoppen. Ob *Saxones* Freunde oder Feinde dieser Thüringer waren, stellt sich in der Überlieferung widersprüchlich dar (vgl. Kapitel II.). Vielleicht waren die Potentaten in der Nordhälfte des heutigen Niedersachsen, die zu dieser

Zeit die Werte und Repräsentationsformen südskandinavischer Herrscher teilten, jene *Saxones*, die sich laut Gregor von Tours im Jahr 556 mit Thüringern zum Aufstand verbündet hatten, und dem Frankenkönig Chlothar I. Anlass gaben, «ganz Thüringen» zu verwüsten. Widukind von Corvey hingegen erzählt rund 400 Jahre später in seiner «Sachsengeschichte» das Niedermetzeln von Thüringern quasi als Ursprungshandlung der Sachsen, und dass sie danach dann auch noch den Franken halfen, den König der Thüringer zu beseitigen (vgl. Kapitel II.). Aber vielleicht kam es Widukind nur darauf an, dass seine Sachsen schon damals auf der Seite der fränkischen Könige standen, also auf der aus seiner Sicht «richtigen» Seite der Geschichte?

Wie erwähnt, stand mit dem Tod des Herminafrid rechts des Rheins ein riesiges Gebiet dem Zugriff der fränkischen Könige aus der Dynastie der Merowinger offen, zu dem vermutlich auch ein weiter Raum von den Mittelgebirgen bis zur Nordsee gehörte. Der Überlieferung kann entnommen werden, dass diese dort seither die Oberherrschaft beanspruchten. Ein Blick auf die archäologischen Quellen zeigt: Zumindest in den Gebieten, die die Trassen des Hellwegs vom Rhein zur Elbe durchziehen, dürften sie tatsächlich Anhänger gehabt haben. Hierauf verweisen unter anderem Gräber von Frauen aus reichen Familien, die in Soest direkt an der westfälischen Haupttrasse des Hellwegs entdeckt wurden: Die Toten waren mit hochqualitätsvollen und mit Schmucksteinen verzierten Fibeln aus Edelmetall begraben worden, wie sie in der 2. Hälfte des 6. Jahrhunderts und im 7. Jahrhundert Angehörige der Oberschicht im fränkischen Reich trugen. In sehr viel schlichterer Ausführung finden sich «fränkische» Fibeltypen auch an der mittleren Weser, von wo außerdem Imitate solcher Stücke vorliegen. An der mittleren Weser wurden zudem aus linksrheinischen Gebieten importierte Keramikgefäße gefunden. Am westfälischen Hellweg existierte bei der Ortschaft Geseke im 6. und 7. Jahrhundert sogar ein Handwerksbetrieb, der Keramik in Formen und Warenarten und mit Dekoren herstellte, wie sie in linksrheinischen Gebieten beliebt waren. Schon seit dem 5. Jahrhundert waren am Hellweg ebenso wie an der mittleren Weser, aber auch an der unteren

Elbe zahlreiche feine Glasgefäße bester Qualität angekommen, die aus Glashütten in Nordfrankreich, Belgien, dem Rheinland oder den südlichen Niederlanden stammen dürften.

Ein sehr helles Licht auf die Verhältnisse wirft das sogenannte «Fürstengrab» von Beckum im Münsterland. Dort wurde eine große, mit Steinen ausgekleidete Grabkammer angetroffen. Sie barg den Leichnam eines erwachsenen Mannes. Er war mit zahlreichen Waffen und anderen Ausstattungsteilen beigesetzt worden. Datiert wird die Bestattung in die Zeit um 600. Das Schwert des Toten ist etwas ganz Besonderes: Es handelt sich um ein sogenanntes Ringknauf-Schwert. In der Forschung gelten solche Waffen heute als eine Art Abzeichen und vielleicht sogar Amtsinsignie von direkten Gefolgsleuten der Merowingerkönige. Eine Gürteltasche aus dem Grab mit überaus prächtigen goldenen Zierbeschlägen dürfte im Burgund oder in Süddeutschland entstanden sein, hölzerne Trinkbecher mit Gold- und Silberbesätzen haben ihre seltenen Parallelen in England und Skandinavien. In der Umgebung der Grabkammer fanden sich die Skelette von zwölf getöteten Pferden. Übertroffen wird dieses kostspielige Ritual nur durch den Aufwand, der rund 120 Jahre zuvor bei der Bestattung des Merowingers Childerich († um 481; vgl. Kapitel II.2) getrieben wurde: Sein 1653 in Tournai in Belgien entdecktes Grab war von 21 toten Pferden flankiert.

Eine gleichermaßen und auch im eigentlichen Wortsinn herausragende Bestattung ist aus dem von Trassen des Hellwegs durchzogenen Braunschweiger Land bekannt: Auf einem Ausläufer der Asse, bei der Ortschaft Klein-Vahlberg, wurde ebenfalls um 600 die Angehörige einer wohlhabenden Familie in einem großen urgeschichtlichen Grabhügel beigesetzt. Vom Ort des weithin sichtbaren Monumentes überblickt man das Land bis hin zum Harz. Auch zur Totenausstattung dieser Frau zählte ein Holzbecher mit vergoldeten Zierbesätzen. Zu ihrer Kleidung gehörte eine sogenannte Wadenbindengarnitur aus vergoldeter Bronze. Es handelt sich dabei um Metallbeschläge von Riemen, die – um die Waden gewickelt – Beinkleider fixieren. Ihr bestes Vergleichsstück findet die Garnitur aus Klein-Vahlberg im Grab einer fränkischen Adligen vom Ende des 6. Jahrhunderts in der Kirche St. Severin in Köln. Es spricht nichts dagegen, davon auszugehen, dass bei Klein-Vahlberg eine Dame aus der fränkischen Oberschicht bestattet wurde, die in eine ortsansässige Familie eingeheiratet hatte.

Die engen fränkisch-sächsischen Adelsverbindungen, die in der schriftlichen Überlieferung des 9. Jahrhunderts greifbar werden (vgl. Kapitel II.6), lassen sich damit zumindest in der Hellwegzone bis wenigstens in die Zeit um 600 zurückverfolgen. Und wenn es dort Anhänger der Merowingerkönige gab, wie insbesondere das «Fürstengrab» von Beckum nahelegt, dann eröffnet das eine sehr interessante Perspektive: Anders als es die Schriftquellen suggerieren, kannte die Oberschicht zumindest in diesem Teil der kontinentalen *Saxonia* spätestens um 600 sehr wohl zentrale Herrscherfiguren! Das könnte jenen Historikern Recht geben, die vermuten, dass die «Satrapen», die der Mönch Beda Venerabilis (* 672/673, † 735) die *Antiqui Saxones* auf dem Kontinent anführen lässt, Potentaten waren, die selbst «unabhängig und königsgleich» Macht in bestimmten Gebieten ausüben konnten, aber einem höheren König unterstanden – und dass Beda dabei den fränkischen Herrscher im Sinn gehabt haben könnte (vgl. Kapitel II.3). Aber auch schon vorher dürften zwischen Harz und Nordsee *reges* bzw. Könige an der Spitze der Oberschicht gestanden haben: wahrscheinlich bis 531 die Thüringerkönige und bis zur Mitte des 5. Jahrhunderts auch die Anführer der «warrior-community» im Elbe-Weser-Dreieck. Dass die Einwohnerschaft der kontinentalen *Saxonia* in diesen Jahrhunderten «oligarchisch verfasst» war, wie der Historiker Herwig Wolfram es einmal ausgedrückt hat, lässt sich durch archäologische Befunde jedenfalls nicht verifizieren.

An der Küste und am Unterlauf von Weser und Elbe liegen die Dinge in der 2. Hälfte des 6. Jahrhunderts und im 7. Jahrhundert anders. Dort gibt es aus dieser Zeit nur sehr wenige archäologische Funde. Archäobotaniker konnten bei der Untersuchung von See- und Moorsedimenten, die sich damals ablagerten, kaum noch Pollen von Getreide und anderen Nutzpflanzen, aber sehr viele Baumpollen nachweisen. Das heißt: Damals breitete sich Wald aus, Äcker und Felder verwilderten offenbar und wuchsen zu. Vermutlich war es vielerorts zu einem massiven Rückgang der Besiedlung gekommen. Lange sah die Forschung hierin auch eine Folge der Abwanderung großer Bevölkerungsgruppen im 5. Jahrhundert nach England. Die Besiedlungslücke im nordwestlichen Niedersachsen ist aber kein räumlich begrenztes Phänomen: Sie ist auch nördlich der Elbe, in ganz Skandinavien und im Land südlich der Ostsee fassbar. Als Ursache dafür wird heute eine schwere Klimaanomalie in Betracht gezogen: Erkenntnisse aus der Klimaforschung sowie europäische und chinesische Schriftquellen aus und zu den 530er Jahren belegen, dass in den Jahren 536, 540 und 547 in Südostasien Vulkane ausbrachen. Gigantische Aschewolken zogen um den ganzen Globus. Bis in die 660er Jahre wurde es in vielen Regionen der Welt deutlich kälter. In Europa führte dies vielerorts zu Missernten und Hunger. Möglicherweise hat außerdem die Pestepidemie, die Europa in den 540er Jahren heimsuchte, dazu beigetragen, dass die Bevölkerung im Norden des heutigen Niedersachsens in der 2. Hälfte des 6. Jahrhunderts und im 7. Jahrhundert stark dezimiert war.

Alles Heiden? Wie schon zitiert, waren *Saxones* für Einhard, den Biographen Karls des Großen, bis zu ihrer Unterwerfung durch den Frankenkönig allesamt gottlose Wilde. Die archäologischen Befunde aus der Hellwegzone bestätigen jedoch, was Historiker schon lange vermuten: Einhards Meinung über die Bewohner der kontinentalen *Saxonia* wird den historischen Tatsachen nicht gerecht. Archäologische Funde zeigen sogar, dass es am Hellweg schon lange vor Karl dem Großen Christen gegeben hat: Vereinzelt, aber in fast allen Regionen des Gebietes wurden Schmuckstücke und metallene Kleidungsbestandteile des 6. und 7. Jahrhunderts mit Kreuzsymbolen entdeckt. Es handelt sich um kleine Broschen, Fibeln, Gürtelschnallen oder Amulette mit Kreuzen oder in Kreuzform. Bei Bedarf konnte man sie verbergen, denn Anhänger der Religion der fränkischen Könige waren sicher nicht überall willkommen. Aber in der Hellwegzone nördlich des Harzes gibt es selbst einige Steinmetzarbeiten, die als Grabsteine oder Grabplatten aus der Zeit vor den «Sachsenkriegen» Karls des Großen gelten dürfen, unter anderem aus einer Siedlung unweit von Quedlinburg, in der der Sachsenführer Hessi Besitz hatte (Abb. 4). Hessi hat sich Karl schon 775 ohne Kampf unterworfen (vgl. Kapitel II.4) – vielleicht weil es in seiner Familie Christen gab? Und es gibt dort im Nordharzvorland Hinweise auf frühe Kirchen: Im Landkreis Börde beispielsweise wurden auf einem frühmittelalterlichen Bestattungsplatz bei der Ortschaft Hornhausen mehrere Steinplatten gefunden, auf denen in einem skandinavischen Stil des 7. Jahrhunderts Reiterfiguren dargestellt sind. Sie können als christliche Reiterheilige gedeutet werden. Die Steinmetzarbeiten sollen Chorschranken einer Kirche gewesen sein. Aber auch aus Westfalen gibt es mittlerweile archäologische Funde und Befunde, die auf Kirchenbauten aus der Zeit vor den «Sachsenkriegen» Karls des Großen hindeuten. Dass in der *Saxonia* nicht alle Feinde des Christentums gewesen sein können, zeigt sich tatsächlich auch in den Schriftquellen am Beispiel der beiden Missionare Ewald und Ewald, von denen Beda in seiner «Kirchengeschichte des englischen Volkes» erzählt: Der «Satrap», den sie aufsuchen wollten, hat ihre Ermordung grausam bestrafen lassen (vgl. Kapitel II.3).

Die heidnischen Praktiken, die Karl der Große im 8. Jahrhundert unter Strafe stellte (vgl. Kapitel II.5), lassen sich im archäologischen Befund nicht verifizieren. Anders als von Einigen behauptet, gibt es keine Beweise für Menschenopfer, auch nicht in Form von «Totenfolgen», für die Menschen getötet wurden, um Verstorbenen ins Grab bzw. ins Jenseits zu folgen. Nur dass die Menschen ihre Toten verbrannt und «bei den Hügeln der Heiden», sprich bei alten Grabhügeln, bestattet haben, ist gut und vielfach belegt. Besonders aufschlussreich ist der Befund zweier benachbarter Bestattungsplätze des frühen Mittelalters gegenüber des späteren königlichen Hofes der Liudolfinger in Quedlinburg. Der eine Friedhof lag im Umfeld der Kirche einer Wüstung namens Groß-Orden. Das älteste von dort bekannte Grab ist die Bestattung einer Frau aus der Zeit um 600. Sie wurde bei den Fundamenten der Kirche von Groß-Orden entdeckt, die unter Umständen schon damals existiert hat. Zur Kleidung der

Toten gehörte jedenfalls ein sehr wertvolles Schmuckstück aus Edelmetall mit explizit christlicher Symbolik, wie es damals nur von wenigen Frauen der Elite im fränkischen Reich getragen wurde. Der zweite Friedhof lag lediglich einige Hundert Meter von diesem Platz entfernt. Seinen Mittelpunkt bildet kein Gotteshaus, sondern ein großer urgeschichtlicher Grabhügel. Hier war im 5. oder 6. Jahrhundert ebenfalls eine Angehörige der lokalen Oberschicht bestattet worden. Man hatte für sie eine große hölzerne Grabkammer vor dem Grabhügel angelegt und die Tote darin mit zwei Hunden, einem Hecht und einem Habicht beigesetzt; daneben wurden zwei weitere Hunde und zwei Pferde begraben. Im 8. und 9. Jahrhundert sind dann sowohl bei der Kirche von Groß-Orden als auch auf dem Friedhof am Grabhügel nachweislich Christen beigesetzt worden. Einige davon wurden sogar in dem großen alten Grabhügel selbst zur letzten Ruhe gebettet. Obwohl Karl der Große dies unter Todesstrafe gestellt hatte und obwohl es in nächster Nähe einen christlichen Bestattungsplatz gab, vielleicht sogar mit einer Kirche, haben sich Christen hier nicht gescheut, ihre Toten demonstrativ «bei den Hügeln der Heiden» zu begraben.

Archäologische Befunde zeigen außerdem auf, wie in der *Saxonia* im 8. bis 9. Jahrhundert Anführer beigesetzt wurden. Ihre Begräbnisse waren wie zu allen Zeiten auch Akte machtpolitischer Repräsentation: Man gab den Männern ihre Waffen mit ins Grab, Hunde und Lockhirsche für die Jagd, manchmal sogar ein gesatteltes Pferd. Solche Bestattungen wurden auch in der Hellwegzone gefunden, bei Sarstedt in der Nähe von Hildesheim. Christen waren die so Beigesetzten wohl nicht. Aber ihre Inszenierung als Reiter muss deshalb kein typisches Merkmal ihrer heidnischen Gesinnung sein: Auch Frankenkönige wurden im 9. Jahrhundert als Reiter dargestellt, so wie zuvor schon die römischen Kaiser (Abb. 5).

V. Das sächsische Herzogtum bis 1180

Die These, dass es ein altes «Stammesherzogtum» Sachsen gegeben habe, gilt in der Forschung als überholt. Jener Bertoald, der im 6. Jahrhundert *Saxones* gegen den Merowinger Chlothar II. angeführt haben soll, und jener sächsische Theodericus, den einer der Söhne Karl Martells im Jahr 743 unterworfen haben soll (vgl. Kapitel II.), werden in den Quellen zwar als *dux*, «Herzog», bezeichnet. Es gibt aber Argumente dafür, dass damit nur ihre Eigenschaft als «Heerführer» gemeint ist. Wie die beiden *duces* selbst oder ihr Umfeld ihre Positionen wahrgenommen haben, ist nicht überliefert. Dies ist auch bei Widukind der Fall, dem legendären Widersacher Karls des Großen. In der Lebensbeschreibung des Heiligen Luidger, die der Bischof Altfried von Münster († 849) verfasst hat, wird er ebenfalls als *dux* bezeichnet. Im Sprachgebrauch des 9. Jahrhunderts meint das «den Inhaber einer bestimmten Staatswürde», im heutigen Sinn des Wortes «Herzog», doch Altfrieds Formulierung *dux Saxonum* lässt offen, ob der Bischof Widukind als «einen» *dux* der Sachsen oder «den» *dux* der Sachsen bezeichnet. Mit einem zeitlichen Abstand von rund 200 Jahren nennt auch der Geschichtsschreiber Widukind von Corvey seinen Namensvetter und mutmaßlichen Ahn Widukind *dux*. Ob er ihn damit als Heerführer oder als «richtigen» Herzog charakterisieren wollte, muss offenbleiben.

Ein Herzog *von* Sachsen ist in der Überlieferung auch für das 9. und 10. Jahrhundert nicht zu fassen. Im Urteil heutiger Historiker waren der Urgroßvater (Liudolf, † 866), der Großvater (Otto der Erlauchte, † 912) und der Vater (Heinrich I., † 936) von König Otto I. sowie dieser selbst Herzöge *in* Sachsen. Gleiches gilt für den sächsischen Großen Hermann «Billung». Von ihm ließ sich Otto I. in der *Saxonia* in Zeiten seiner Abwesenheit vertreten (vgl. Kapitel II.7). Manches deutet darauf hin, dass die anderen Großen in diesem *dux* einen geeigneteren Vertreter ihre Interessen gesehen haben als in ihrem König.

Hermann starb 973, im gleichen Jahr wie Otto I. Dem König folgte sein Sohn Otto II. nach (vgl. Kapitel II.7). Seine Herrschaft währte nur zehn Jahre: Im Dezember des Jahres 983 ist Otto II. nach einer Malariainfektion in Rom gestorben. Seine Nachfolge hatte auch er schon zu Lebzeiten geregelt: Sein Sohn Otto III. war im Mai 983 in Verona auch von italienischen Großen zum Mitkönig gewählt worden. Als Otto III. das Erbe seines Vaters antrat, war er noch nicht ganz vier Jahre alt. Das Regierungshandeln übernahm für den 980 geborenen Ururenkel von Liudolf († 866) und Oda († 913) zunächst seine Mutter Theophanu. Nach deren Tod 991 lag die Regentschaft in den Händen seiner Großmutter Adelheid, bis Otto III. 994 mit 14 Jahren für regierungsfähig erklärt wurde. Acht Jahre später stirbt er wie schon sein Vater in Italien an einer Malariainfektion, ohne einen Erben zu hinterlassen. Jetzt wird Heinrich, der Herzog von Bayern, König. Auch er ist ein Nachkomme von Liudolf und Oda. Seine Ehe mit Kunigunde, Tochter des Grafen Siegfried I. von Luxemburg, ist kinderlos geblieben: Als Heinrich II. 1024 starb, war die Dynastie der «Liudolfinger» oder «Ottonen» erloschen.

Hermanns Nachfolger als Herzog waren sein Sohn, sein Enkel und sein Urenkel. Letzter mit Namen Magnus starb 1106 ohne Söhne. Mit ihm erlosch auch das Geschlecht der Billunger in der männlichen Linie. Das Herzogtum ging jetzt auf den sächsischen Adligen Lothar von Süpplingenburg über. Lothar (III.) regierte von 1125 bis zu seinem Tod 1137 als König und Kaiser des römisch-deutschen Reiches. Bevor er starb, verlieh er seinem Schwiegersohn Heinrich dem Stolzen aus dem Geschlecht der Welfen den sächsischen Herzogstitel und designierte ihn zu seinem Nachfolger. Heinrich der Stolze starb bereits 1139. Sein gleichnamiger Sohn Heinrich vertrat das sächsische Herzogtum ab 1142. Mediävisten sehen auch darin keine Institution, sondern «einen nicht genau zu bestimmenden Rechtstitel, der auf eigener Macht- und Besitzgrundlage mit praktischer Bedeutung versehen werden musste», so Joachim

Ehlers, der dem Welfen den Willen attestiert, Sachsen als Herzogtum «auf territorialstaatlicher Grundlage und damit völlig neu zu organisieren». Heinrich «der Löwe», wie er genannt wurde, verstand es, seine herzogliche Landesherrschaft bis hin nach Mecklenburg und Vorpommern auszubauen. Nach Machtkämpfen mit Kaiser Friedrich Barbarossa († 1190) und anderen Fürsten wird das jetzt so bezeichnete *ducatus Westfalie et Angarie* Heinrichs des Löwen im Jahr 1180 zerschlagen und in zwei Herzogtümer geteilt. Ein westlicher Teil, der der Ausdehnung der Diözese Paderborn entsprach, ging an das Erzbistum Köln, die anderen Gebiete fielen an den Grafen Bernhard von Aschersleben aus dem Geschlecht der Askanier.

VI. Sächsische Identitäten und Territorien nach 1180

Die Sachsen des heutigen Bundeslandes Sachsen bewohnen ganz andere Gebiete als die *Saxones* genannten Gegner Karls des Großen, und sie stammen auch nicht von diesen ab. Dass sie trotzdem denselben Namen tragen, ist das Ergebnis einer im Detail komplizierten und langen Geschichte von Gebietsteilungen und Erbfolgeregelungen im Kreis einiger adliger Familien, die hier noch in aller Kürze umrissen werden soll. Am Anfang steht die Teilung des *ducatus Westfalie et Angarie* Heinrichs des Löwen im Jahr 1180 (vgl. Kapitel V.). Als Herzogtum Sachsen auch in einem territorialen Sinne gilt jetzt der an Bernhard von Aschersleben gefallene östliche Teil. Bernhards Erbe als Herzog von Sachsen wurde 1212 sein Sohn Albrecht I. († 1261). Der Sohn dieses Albrechts, Albrecht II., und die Erben des 1286 gestorbenen Bruders von Albrecht I., dem beim Tod Bernhards andere Gebiete zugefallen waren, teilten ihre herrschaftlichen Zuständigkeiten im Jahr 1295 so untereinander auf, dass zwei Herzogtümer entstanden, die später die Namen Sachsen-Lauenburg und Sachsen-Wittenberg erhielten. 1356 wurde den Herzögen von Sachsen-Wittenberg die Kurfürstenwürde verliehen, was bedeutet, dass sie das Recht hatten, sich an der Wahl des Königs zu beteiligen. 1423 wurden die Kurfürstenwürde und das Herzogtum Sachsen-Wittenberg von König Siegmund (* 1368, † 1437) dem Geschlecht der Wettiner übertragen, vertreten durch den Markgrafen Friedrich von Meißen (* 1370, † 1428). Die Wettiner übertrugen den Namen Sachsen auf ihre Mark Meißen. Hiermit war das Kurfürstentum Sachsen entstanden, und die Menschen, die dort lebten, nannte man jetzt Sachsen. Als 1806 das Heilige Römische Reich aufgelöst wurde, wurde aus dem Kurfürstentum Sachsen das Königreich Sachsen. Seine Hauptstadt war Dresden. Als 1918 auch das Königreich Sachsen aufgelöst wurde, entstand der Freistaat Sachsen. Das Bundesland Sachsen wurde 1990 gegründet.

Noch etliche andere «sächsische» Territorien sind auf diesem Weg über die Jahrhunderte entstanden und wieder vergangen, zum Beispiel das Herzogtum Sachsen-Coburg und Gotha oder die preußische Provinz Sachsen. Auch in den Namen des heutigen Bundeslandes Sachsen-Anhalt ist der Sachsenname nur mittelbar und durch einen unübersichtlichen Prozess von Übertragungen eingegangen. Als Land entstand Sachsen-Anhalt 1947 durch die Zusammenlegung der preußischen Provinzen Magdeburg und Halle-Merseburg sowie dem Freistaat Anhalt.

Das heutige Bundesland Niedersachsen wurde 1946 gebildet. Die nach dem 2. Weltkrieg dort eingesetzte britische Militärregierung legte dafür die Länder Hannover, Oldenburg, Braunschweig und Schaumburg-Lippe zusammen. Und obwohl sein Territorium größtenteils deckungsgleich ist mit den Gebieten, in denen sich die frühmittelalterliche *Saxonia* erstreckte, geht auch der Name Niedersachsen nicht unmittelbar auf den Sachsennamen zurück. Der Landesname wurzelt vielmehr in einer seit der Mitte des 14. Jahrhunderts fassbaren Unterscheidung zwischen «niederen», im Sinne von nördlichen, sächsischen Gebieten, und «oberen», im Sinne von heute südostdeutschen, sächsischen Ländern, die schließlich zur Formierung eines «nieder»- oder untersächsischen und eines obersächsischen Kreises des Heiligen Römischen Reiches im 16. Jahrhundert führte. Der nieder- oder untersächsische Reichskreis umfasste neben den welfischen Herzogtümern unter anderem auch das Herzogtum Holstein und die mecklenburgischen Herzogtümer. Die Bevölkerung dort könnte man auch «Untersachsen» nennen und sie bildeten keine ethnische Einheit. Die Vorstellung von einem Volk der Niedersachsen, das von «Herzog Widukinds Stamm» sei, wie im berühmten «Lied der Niedersachsen» behauptet, ist erst im 19. Jahrhundert aufgekommen. Das Lied komponierte um 1926 Hermann Grote, ein aus Hohegeiß (Stadt Braunlage) stammender Braunschweiger Lehrer, der sich damals wie viele im Deutschen Reich mehr regionale Autonomie für sein Heimatland wünschte. Grote besingt die Kämpfe von «Herzog Widukinds Stamm» gegen Karl den Großen als Opfer fürs deutsche Vaterland und lässt die Sänger den gerechten Lohn dafür fordern: ein eigenes Niedersachsenland!

Von der Bildung des Landes Niedersachsen waren gleichwohl vor allem Braunschweiger und Oldenburger nur wenig begeistert. Hinrich Wilhelm Kopf (1893–1961), Niedersachsens erster Ministerpräsident, wurde deshalb nicht müde, seine gewissermaßen zwangsverheirateten Landeskinder immer wieder an ihre gemeinsame «Stammesart» zu erinnern: Als «alte Sachsen» hätten sie schließlich schon im 1. Jahrtausend zusammengehört und zusammengehalten – ganz so wie man das seinerzeit in jedem Geschichtsbuch nachlesen konnte.

Mit über zwei Millionen Menschen bestand damals fast ein Drittel der Bevölkerung des neuen Landes aus vom Krieg entwurzelten Flüchtlingen, aber «Sächsische Landnahme» und «Sächsischer Stammesverband» wurden zu wirksamen Erzählmotiven niedersächsischer Identität. Dazu beigetragen hat nicht zuletzt die intensive archäologische Forschung zur frühen Landesgeschichte Niedersachsens. In ihren Veröffentlichungen wird bis heute gerne von «Altsachsen» gesprochen, wenn die Einwohnerschaft des Landes im 4. bis 6. Jahrhundert gemeint ist, und von «spätsächsischen» Funden und Befunden, wenn es um Hinterlassenschaften seiner Bevölkerung des 8. und 9. Jahrhunderts geht. Der «Stammesstaat», in dem diese alten und späten Sachsen gelebt haben sollen, und die ihnen nachgesagte Königslosigkeit verliehen ihnen ein charmantes Alleinstellungsmerkmal: Man konnte sie für die einzigen «Demokraten» ihrer Zeit halten. Dieser Mythos ist bis heute populär, genauso wie das «Lied der Niedersachsen»: Es gilt als inoffizielle Hymne der Niedersachsen.

ANHANG

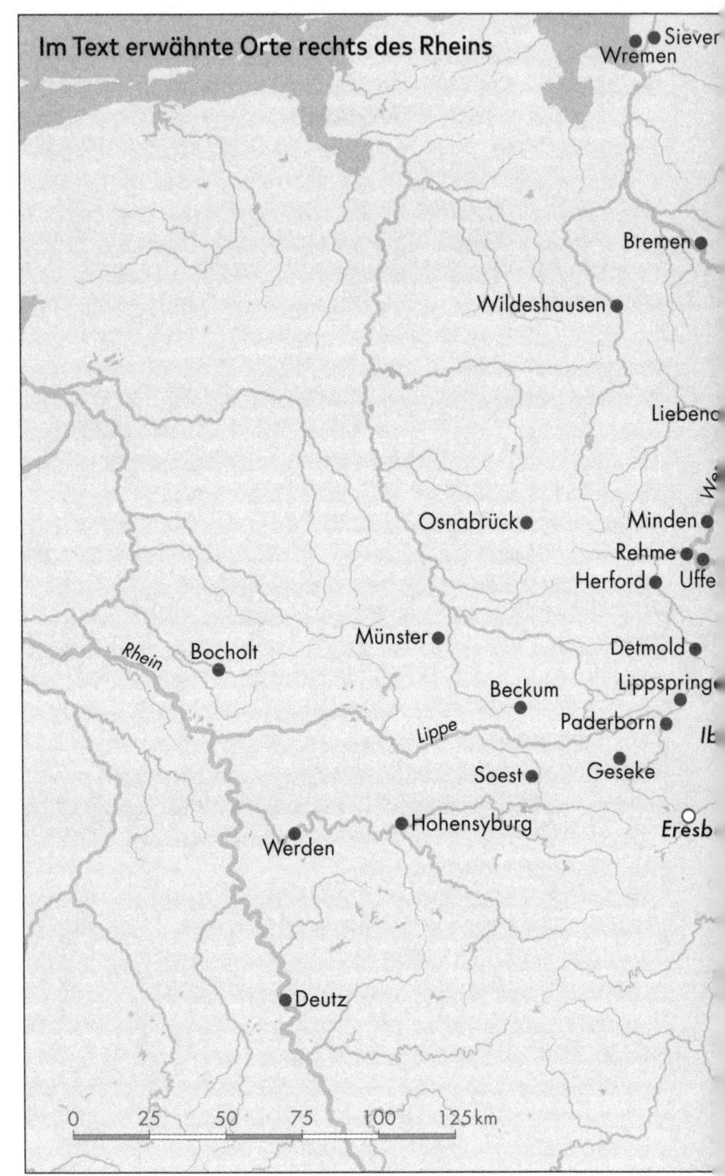
Im Text erwähnte Orte rechts des Rheins
Wremen
Bremen
Wildeshausen
Osnabrück
Minden
Rehme
Herford
Münster
Rhein
Bocholt
Detmold
Beckum
Paderborn
Lippe
Soest
Geseke
Hohensyburg
Werden
Deutz
0
25
50
75
100
125 km

denbeck
Hamburg
Issendorf
Hollenstedt
Bardowick
Meetschow
Höhbeck
rden
Elbe
Ronnenberg
Hiddes-
orf
Sarstedt
Hildes-
heim
Klein-Vahlberg
Ohrum
Schöningen
Magdeburg
Brunshausen
andersheim
Harzhorn
Corvey
Halberstadt
Quedlinburg
Wendhusen
Werra
Saale
Memleben
lar
Fulda
Hersfeld
Fulda

Fundorte von Objekten aus der Merowingerzeit
mit christlicher Symbolik in der *Saxonia*
Rheine-Altenrheine
Warendorf-Einen
Rhein
Bocholt
Alverskirchen
Dülmen
Ennigerloh
Erle
Dorsten-Lembeck
Ahlen
Dortmund-Wickede
Soest
Bad Wünnenberg
Dortmund-Asseln
Ense-Bremen
Dortmund-
Hohensyburg
0 25 50 75 100 125 km

Elbe
Groß Twülpstedt
Morsleben
Magdeburg-
Fermersleben
Oschersleben-Hornhausen
Deersheim
Wegeleben
Quedlinburg
Werra
Saale
Fulda

Bildteil

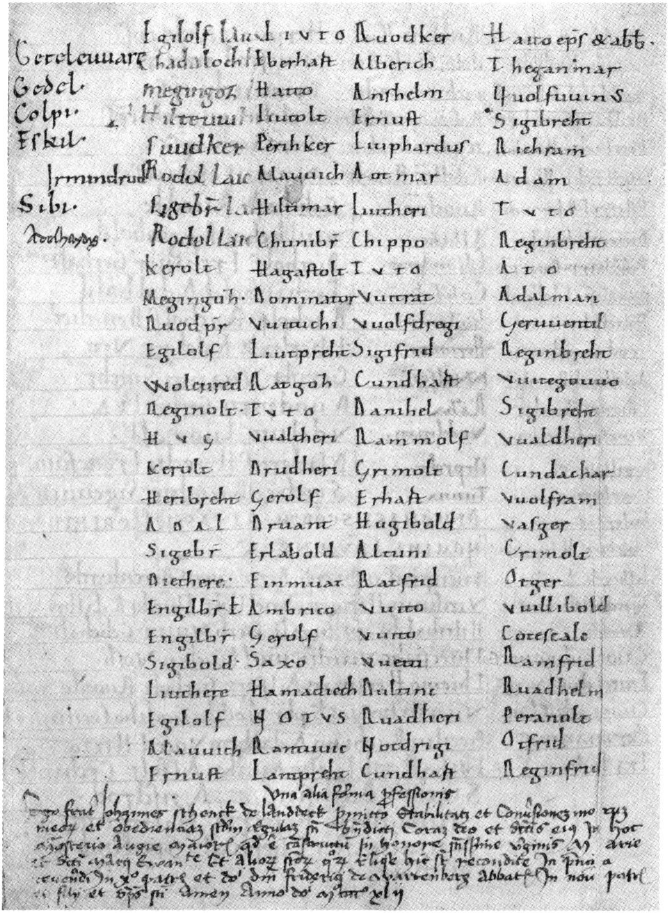

Abb. 1: Die sogenannte Professliste des Klosters Reichenau (pag. 136; spätere Abschrift). Am Anfang stehen die Mönche aus der Gründungszeit des Konvents. In der 2. Spalte ist ein Mönch namens *Vuituchi* (Widukind) eingetragen (11. Zeile). Er dürfte in den 780er Jahren eingetreten sein. Vermutlich handelt es sich dabei um den Sachsenführer Widukind. Dafür spricht auch der Eintrag in der Zeile darüber: Dort steht *Dominator* – «Gewaltherrscher».

Abb. 2: Die Eingangshalle im Westwerk der Klosterkirche Corvey an der Weser aus dem 9. Jahrhundert. Das Kloster wurde 822 gegründet und war wohl die erste monastische Gemeinschaft in der *Saxonia*. Kaiser Ludwig der Fromme († 840), ein Sohn Karls des Großen, hat es mit zahlreichen Privilegien ausgestattet.

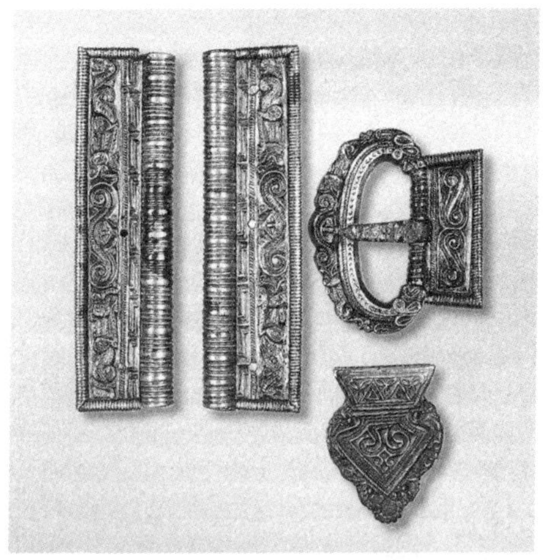

Abb. 3 a, b: *Oben:* Beschläge eines Gürtels im Stil spätrömischer Militärgürtel. Sie wurden im Grab eines Mannes gefunden, der im 2. Viertel des 5. Jahrhunderts auf einem Friedhof bei der heutigen Ortschaft Wremen (Lkr. Cuxhaven) beigesetzt wurde. *Unten:* Zwei sogenannte Schalenfibeln und eine sogenannte gleicharmige Fibel im «Look» spätrömischer Militärgürtel (1. Hälfte 5. Jahrhundert). Der vergoldete Schmuck stammt aus dem Grab einer Frau, das bei Issendorf (Lkr. Stade) entdeckt worden ist.

Abb. 4 a, b: *Oben:* Merowingerzeitlicher Bildstein mit christlicher Symbolik aus der Wüstung Marsleben bei Quedlinburg (Lkr. Harz). In Marsleben hatte der Sachsenführer Hessi Besitz, den er um 800 dem Kloster Fulda überließ. *Unten:* Goldene Kreuzfibel des 7. Jahrhunderts von der Wallanlage «Gaulskopf» bei Warburg-Ossendorf (Kr. Höxter). Auf dem «Gaulskopf» wurden außerdem Gräber und Gebäudereste entdeckt, die auf einen Kirchenbau des 7. Jahrhunderts hinweisen.

Abb. 5: Darstellung Karls des Großen oder seines Enkels Karl «der Kahle» als Reiter (9. Jahrhundert).

Bildnachweis

Abb. 1:	Zürich, Zentralbibliothek, Ms. Rh. hist. 27: Reichenauer Verbrüderungsbuch
Abb. 2:	Kirchengemeinde St. Stephanus und Vitus Corvey/Kalle Noltenhans
Abb. 3 a:	Museum Burg Bederkesa
Abb. 3 b:	© Landesmuseum Hannover/ARTOTHEK
Abb. 4 a:	Städtische Museen und Archiv Welterbestadt Quedlinburg, Foto: Christian Müller M. A.
Abb. 4 b:	LWL-Archäologie für Westfalen/Stefan Brentführer
Abb. 5:	Musée du Louvre Paris; © bpk/RMN – Grand Palais/Jean Gilles Berizzi
Karten:	© Peter Palm, Berlin (Karte S. 101 f, nach Brieske et al. 2019, Abb. 7)

Literaturauswahl

Althoff, Gerd, *Der Sachsenherzog Widukind als Mönch auf der Reichenau. Ein Beitrag zur Kritik des Widukind-Mythos*. Frühmittelalterliche Studien 17, 1983, 251–279.

Augstein, Melanie und Hardt, Matthias (Hrsg.), *Sächsische Leute und Länder – Benennung und Lokalisierung von Gruppenidentitäten im ersten Jahrtausend*. Neue Studien zur Sachsenforschung 10 (Wendeburg 2019).

Becher, Matthias, *Rex, Dux und Gens. Untersuchungen zur Entstehung des sächsischen Herzogtums im 9. und 10. Jahrhundert*. Historische Studien 444 (Husum 1996).

Becher, Matthias, *Non enim habent regem idem Antiqui Saxones ... Verfassung und Ethnogenese in Sachsen während des 8. Jahrhunderts*. In: Häßler, Hans-Jürgen (Hrsg.), Sachsen und Franken in Westfalen. Zur Komplexität der ethnischen Deutung und Abgrenzung zweier frühmittelalterlicher Stämme. Studien zur Sachsenforschung 12 (Oldenburg 1999), S. 1–31.

Beumann, Helmut, *Die Ottonen* (Stuttgart, Berlin, Köln 1997[4]).

Brather, Sebastian, *Ethnische Interpretationen in der frühgeschichtlichen Archäologie. Geschichte, Grundlagen und Alternativen*. Ergänzungsbände zum Reallexikon der Germanischen Altertumskunde 42 (Berlin, New York 2004).

Brieske, Vera, et al., *Bodenfunde legen Zeugnis ab. Frühe Christen am Hellweg*. In: Ludowici, Babette (Hrsg.), Saxones. Neue Studien zur Sachsenforschung 7 (Darmstadt 2019).

Büntgen, Ulf, et al., *Cooling and societal change during the Late Antique Little Ice Age from 536 to around 660 AD*. Nature Geoscience, 8 February 2016, DOI: 10.1038/NGEO2652.

Ehlers, Caspar, *Sachsen als sächsische Bischöfe. Die Kirchenpolitik der karolingischen und ottonischen Könige in einem neuen Licht*. In: Becher, Matthias und Plassmann, Alheydis (Hrsg.), Streit am Hof im frühen Mittelalter (Göttingen 2011), S. 95–120.

Fliermann, Robert, *Saxon Identities AD 150–900*. Studies in Early Medieval History (London, New York 2017).

Grahn-Hoeck, Heike, *Stamm und Reich der frühen Thüringer nach den Schriftquellen*. Zeitschrift des Vereins für Thüringische Geschichte 56, 2002, 7–90.

Hauck, Karl, *Goldbrakteaten aus Sievern. Spätantike Amulett-Bilder der*

‹Dania Saxonica› und die Sachsen-‹Origo› bei Widukind von Corvey. Münstersche Mittelalterschriften 1 (München 1970).

Hauptmeyer, Carl-Hans, *Geschichte Niedersachsens* (München 2009).

Jussen, Bernhard, *Die Franken* (München 2014).

Keller, Marcel, et al., *Ancient Yersinia pestis genomes from across Western Europe reveal early diversification during the First Pandemic (541–750).* Proceedings of the National Academy of Sciences of the United States of America 116 (25), 2019, S. 12363–12372.

Kleinschmidt, Harald, *Die Angelsachsen* (München 2011).

Ludowici, Babette, *Quedlinburg vor den Ottonen. Versuch einer frühen Topographie der Macht.* In: Frühmittelalterliche Studien 49, 2015, S. 91–104.

Ludowici, Babette (Hrsg.), *Saxones.* Neue Studien zur Sachsenforschung 7 (Darmstadt 2019).

Nicolay, Johan, *The splendour of power. Early medieval kingship and the use of gold and silver in the southern North Sea area.* Groningen Archaeological Studies 28 (Groningen 2014).

Meier, Mischa, *Geschichte der Völkerwanderung. Europa, Asien und Afrika vom 3. bis zum 8. Jahrhundert n. Chr.* (München 2019).

Pesch, Alexandra, *Netzwerk der Zentralplätze. Elitenkontakte und Zusammenarbeit frühmittelalterlicher Reichtumszentren im Spiegel der Goldbrakteaten.* In: Heizmann, Wilhelm und Axboe, Morten (Hrsg.), Die Goldbrakteaten der Völkerwanderungszeit – Auswertung und Neufunde. Ergänzungsbände zum Reallexikon der Germanischen Altertumskunde 40 (Berlin, New York 2011), S. 231–277.

Pohl, Walter, *Sächsische Identitäten und die Bedeutung der Ethnizität im frühmittelalterlichen Europa.* In: Augstein, Melanie und Hardt, Matthias (Hrsg.), Sächsische Leute und Länder – Benennung und Lokalisierung von Gruppenidentitäten im ersten Jahrtausend. Neue Studien zur Sachsenforschung 10 (Wendeburg 2019), S. 23–31.

Rotter, Ekkehart und Schneidmüller, Bernd (Hrsg.), *Widukind von Corvey, Res gestae Saxonicae, Die Sachsengeschichte. Lateinisch/Deutsch* (Stuttgart 1992[2]).

Röckelein, Hedwig, *Reliquientranslationen nach Sachsen im 9. Jahrhundert. Über Kommunikation, Mobilität und Öffentlichkeit im Frühmittelalter.* Francia 48 (Stuttgart 2002).

Rübekeil, Ludwig, *Did the Saxons really speak Saxon (in the 5th century)?* In: Babette Ludowici (Hrsg.), New Narratives for the First Millennium? Alte und neue Perspektiven der archäologischen Forschung zum 1. Jahrtausend. Neue Studien zur Sachsenforschung 11 (im Druck).

Schiffels, Stephan, et al., *Iron Age and Anglo-Saxon genomes from East England reveal British migration history.* Nature Communications, 19 January 2016, DOI: 10.1038/ncomms10408.

Springer, Matthias, *Die Sachsen* (Stuttgart 2004).

Tiefenbach, Heinrich, *Sachsen. § 1. Sprachliches.* Germanische Altertumskunde Online, 24. September 2010, https://doi.org/10.1515/gao

Tiefenbach, Heinrich, *Sachsen. § 2. Namenkundliches.* Germanische Altertumskunde Online, 24. September 2010, https://doi.org/10.1515/gao

Udolph, Jürgen, *Die Landnahme Englands durch germanische Stämme im Lichte der Ortsnamen.* In: Marold, Edith und Zimmermann, Christiane (Hrsg.), Nordwestgermanisch (Berlin, New York 1995), S. 223–270.

Personenregister

Abkürzungen: Äbt. = Äbtissin; Bf. = Bischof; Gks. = Gegenkaiser; Hl. = Heilige/Heiliger; Hz. = Herzog; Kg. = König/Königin; Ks. = Kaiser/Kaiserin; P. = Papst.

Aus dem Verlagsprogramm

Kultur und Geschichte früher Völker
bei C.H.Beck

966 Seiten mit 108 Abbildungen und 24 Karten davon 8 in Farbe
Leinen | 978-3-406-70970-8

Christian Marek gibt – unter Mitarbeit von Peter Frei – einen souveränen Überblick über 10.000 Jahre Historie eines menschheitsgeschichtlich hochbedeutenden Territoriums, wo sich der Prozess der Sesshaftwerdung des Menschen vollzog. Seit dem Auftreten der altorientalischen Hochkulturen lag es im Kraftfeld der Großreiche.

«Ein großes Buch! Nicht weniger als ein althistorisches Standardwerk.»
Stefan Rebenich, Neue Zürcher Zeitung

C.H.BECK
WWW.CHBECK.DE

Kultur und Geschichte früher Völker
bei C.H.Beck

952 Seiten mit 207 Abbildungen und Karten und 2 farbigen Tafelteilen mit 49 Abbildungen | Gebunden | 978-3-406-71369-9

Seit der Frühzeit des Menschen hat das Mittelmeer die Welt unserer Vorfahren nachhaltig geprägt. Der Archäologe Cyprian Broodbank entwirft ein grandioses historisches Panorama dieses Meeres – von den Tagen der ersten Begegnung der Hominiden mit dem neuen Lebensraum vor 1,5 Millionen Jahren bis zum Beginn der Klassischen Antike.

«Eine glänzend erzählte Enzyklopädie.»
Romain Leick, LiteraturSPIEGEL

C.H.BECK
WWW.CHBECK.DE

Kultur und Geschichte früher Völker
bei C.H.Beck

383 Seiten mit 16 Abbildungen und 14 Karten | Gebunden
978-3-406-69752-4

Die Kelten sind eines der kulturell faszinierendsten und historisch bedeutendsten Völker der europäischen Geschichte. Bernhard Maiers Standardwerk – die erste große Darstellung der Geschichte der Kelten in deutscher Sprache – umfasst den Zeitraum von der Antike bis zur Gegenwart und reicht geographisch von Irland bis nach Kleinasien.

Kultur und Geschichte früher Völker
bei C.H.Beck

1.532 Seiten mit 40 Abbildungen und 38 Karten | Leinen | 978-3-406-73959-0

«Wer dieses Buch liest, hat die Gegenwart unweigerlich vor Augen: Mischa Meier legt eine monumentale Geschichte der Völkerwanderung vor und beschreibt epochale Umwälzungen zwischen Afrika, Asien und Europa.»
Thomas Speckmann, Neue Zürcher Zeitung

«Nicht jedes tausendseitige Buch ist ein Standardwerk und nicht jede Überblicksdarstellung wird den Dimensionen ihres Gegenstands gerecht. Mischa Meiers Studie aber übertrifft die Erwartungen des interessierten Lesers in jeder Hinsicht.»
Andreas Kilb, Frankfurter Allgemeine Zeitung

C.H.BECK
WWW.CHBECK.DE

Kultur und Geschichte früher Völker
bei C.H.Beck

848 Seiten mit 110 Abbildungen und 19 Karten, größtenteils in Farbe
Leinen | 978-3-406-69752-4

Hermann Parzinger bietet erstmals ein weltgeschichtliches Panorama der Frühzeit – einen wahrhaft atemberaubenden Überblick von den Anfängen der Menschwerdung vor 5 Millionen Jahren bis zur Entstehung der frühen Hochkulturen vor wenigen Jahrtausenden.

«Ein in seiner archäologischen Detailkenntnis und seiner Deutungskompetenz epochales Werk.»
Harald Eggebrecht, Süddeutsche Zeitung

C.H.BECK
WWW.CHBECK.DE

C.H.BECK **WISSEN**

Zuletzt erschienen:

2002: Osterhammel/Jansen, **Kolonialismus**
2071: Beutelspacher, **Geheimsprachen und Kryptographie**
2101: Demandt, **Die Kelten**
2120: Becher, **Karl der Große**
2165: Wirsching, **Deutsche Geschichte im 20. Jh.**
2177: Modrow, **Viren**
2179: Wolfram, **Die Goten und ihre Geschichte**
2333: Steinbacher, **Auschwitz**
2371: Schmidt, **Das politische System der BRD**
2391: Bleckmann, **Der Peloponnesische Krieg**
2409: Junker, **Die Evolution des Menschen**
2424: Geulen, **Geschichte des Rassismus**
2428: Sarnowsky, **Der Deutsche Orden**
2463: Gerhard, **Frauenbewegung und Feminismus**
2525: Ebert-Schifferer, **Caravaggio**
2526: Busch, **Caspar David Friedrich**
2859: Herbert, **Das Dritte Reich**
2884: Janka, **Vergils Aeneis**
2917: Hacker, **Pandemien**
2918: Stuchtey, **Geschichte des Britischen Empire**
2919: van Ess, **Chinesische Philosophie**
2920: Eckert, **Geschichte der Sklaverei**
2921: Stegmann, **Die Kirchen in der DDR**
2922: Krieger, **Die deutschen Geheimdienste**
2923: Förstl, **Alzheimer und Demenz**
2924: Reber, **Psychologie**
2925: Kaufmann, **Impfen**
2926: Friedrich, **Die Jesuiten**
2927: Rittberger, **Die Europäische Union**
2928: Schmid, **Die Bibel**
2929: Geppert, **Geschichte der BRD**
2930: Nußberger, **Die Menschenrechte**
2931: Görich, **Friedrich Barbarossa**
2932: Patel, **Europäische Integration**
2933: Lauster, **Das Christentum**
2934: Anderl, **Dunkle Materie**
2936: Schetter/Mielke, **Die Taliban**